Folke Tegetthoff

Kräutermärchen

Folke Tegetthoff
Kräutermärchen

nymphenburger

Der Autor

Folke Tegetthoff wurde 1954 in Graz geboren. 1979 erschien sein erstes Buch, dem bis heute 28 weitere Bücher folgten. Er hat als Märchenerzähler mit über viertausend Gastspielen fünfunddreißig Länder auf allen Kontinenten besucht und ist Initiator und Organisator des weltgrößten Erzählkunstfestivals »Graz erzählt« (www.graz.tales.org). 1986 wurde an der Murray State University (Kentucky) die »Folke Tegetthoff Collection«, ein offizielles Archiv über seine Arbeit, eröffnet.
1994 erhielt er den Internationalen Lego-Preis für seine weltweite Tätigkeit als Wegbereiter einer neuen Erzählkunst und für sein Engagement um die Wiederbelebung des Märchens. Neben Astrid Lindgren ist Folke Tegetthoff bis heute der einzige Autor, dem diese Ehrung zuteil wurde. Er lebt mit seiner Frau und seinen Kindern in einem ehemaligen Kloster in der Südsteiermark.

Besuchen Sie uns im Internet unter
www.nymphenburger-verlag.de

8. Auflage 2005

© 1998 nymphenburger in der
F. A. Herbig Verlagsbuchhandlung GmbH, München
Alle Rechte vorbehalten.
Umschlaggestaltung: Wolfgang Heinzel
Satz: ew print & medien service gmbh, Würzburg
Gesetzt aus: 11,5/13 Punkt Diotima – Apple Macintosh
Druck und Binden: GGP Media GmbH, Pößneck
Printed in Germany
ISBN 3-485-00789-7

Inhalt

Angelika

*A*uf ihrem Weg zum Meer oder in die nächste Stadt machten die Reisenden einen weiten Bogen um das Dorf.

»In warmen Sommernächten soll es blitzen und donnern und sollen Kobolde und Dunkelmännchen wie Raketen in den Himmel schießen!« Das erzählten die, die zu nahe an die Häuser herangekommen waren.

Und sie hatten recht: Es ging in diesem Dorf wirklich ungeheuerlich zu! Die Bauern hatten volle Kornkammern – klar, wenn der Teufel persönlich den Pflug führt. Und Ställe, voll mit Schweinen und Kühen, groß wie kleine Elefanten – klar, wenn Kobolde ihr Süpplein kochen. Der Reichtum aber hatte seine Geschwister mitgebracht: Der Wein floß aus den Fässern wie anderswo das Wasser. Lange bevor die Sonne Feierabend machte, saßen die Bauern an ihren Tischen, stopften sich Würste und Schinken in die Gierhälse, erzählten sich unartige Geschichten und grölten und rülpsten.

Das war den dunklen Wesen nur recht – wenn die Nacht ihren Sternenvorhang über das Tal warf, kamen sie aus ihren Höhlen und Erdlöchern hervor und begannen ihre düstere Arbeit.

Sie ärgerten das Vieh, bis es laut brüllte, aber der Wein hatte den Bauern die Ohren verstöpselt. Sie brieten sich jede Nacht einen Ochsen, aber wer viel hat, zählt nicht, ob was fehlt.

Manchmal holten sie sogar ein unschuldiges Kind aus seinem Bett und verzauberten es durch einen Kuß in ihresgleichen, aber wer darf sich über Schlimmes aufregen, wenn er selbst so handelt? »War wohl krank«, sagten sie und bemerkten gar nicht, wie die Teufel ein Kind nach dem anderen aus den Häusern holten.

Eines Tages rief der König seine Untertanen auf
bekanntzugeben, wie viele Kinder ein jedes Dorf
hatte.
Die Väter riefen: »Alle Kinder mal herkommen«,
und die Mütter liefen aufgeregt durchs Haus.
Aber kein Kind war zu sehen.
»Wo sind denn unsere Kinder?« – das klang
schon etwas besorgter. Und als sie sich am Dorf-
platz trafen, war ihnen die Angst ins Gesicht geschrieben: Es gab kein Kind mehr im Dorf – die
Teufel hatten sie alle geholt! Und es war ihnen
vor lauter Wein und Würsten nicht einmal auf-
gefallen.
Mit einemmal herrschte völlige Stille im Dorf, ja
man meinte, nicht einmal mehr die Herzen würden schlagen. Plötzlich war ein leises Husten zu
hören, aber durch die Lautlosigkeit klang es wie
Donner in den Ohren der schlechten Menschen.
Sie folgten dem Laut und fanden im letzten
Winkel eines Hauses ein kleines Mädchen.
Schwach und armselig lag es auf einem Haufen
Stroh. Es war so schwach gewesen, daß die Teufel gemeint hatten, daß es sich nicht auszahlte,
ein solches Kind mit in ihre Welt zu nehmen.

Von diesem Augenblick an kümmerte sich das
ganze Dorf um Angelika – es war ja das letzte
Kind, das ihnen geblieben war. Aber trotz aller

Liebe und Mittelchen wollte und wollte sich der Husten und der Zustand der Kleinen nicht bessern. Man schickte nach den besten Ärzten, aber keiner wollte das Dorf betreten – mit den Teufeln und Kobolden wollte niemand zu tun haben.

Das Jahr lud schon den Herbst zu Besuch, als ein Bettelmann im Dorf auftauchte.

»Du hast uns gerade noch gefehlt«, riefen die Leute. »Bettelmänner schicken sie uns, wir brauchen einen Arzt.« Und sie jagten den armen Mann davon.

In dieser Nacht sah es so aus, als würde es die letzte im Erdenleben der kleinen Angelika werden.

Als sich die Leute verzweifelt in ihre Häuser zurückgezogen hatten, da trat plötzlich ein Engel an Angelikas Bett. Er strahlte und leuchtete so stark, daß das Mädchen seine Augen aufschlug.

»Du bist das letzte Stückchen Gute in diesem Dorf«, sagte der Engel, »aus dir müssen die Leute trinken wie aus einem Brunnen, damit sie wieder Farbe in ihr Herz bekommen.

Höre: Eine gute Hand muß hinausgehen, zum Bach, und eine hohe Pflanze suchen. Die soll sie gleich nach Vollmond schneiden, die Wurzel ausgraben und trocknen. Davon mußt du einen Tee trinken. Und dann soll die gute Hand die

Blätter und Blüten zu einem Büschel binden und in alle Ställe hängen. Aber denk daran: Nur ein guter Mensch kann die Zauberkraft des Krautes bewahren.«

Das Licht wurde immer schwächer, bis der Engel ganz verschwunden war.

Das Mädchen rief, so laut es konnte, nach den Leuten, und als sie um ihr Bett standen, da erzählte sie ihnen von dem Traum: von einem Engel, der erschienen war, und von einer geheimnisvollen Pflanze, die nur ein guter Mensch pflücken kann. »Ich gehe!« riefen alle gleichzeitig. »Denkt daran, eine schlechte Hand läßt das Kraut sofort welken, und dann muß ich sterben.« Nun standen alle mit gesenkten Köpfen da – die Worte des Mädchens waren wie ein riesiger Spiegel, der allen ihre Schlechtigkeit zeigte.

»Der Bettelmann!« schrie plötzlich einer auf.

»Der Bettelmann kann es doch versuchen. Er hatte so was Gutes in seinen Augen!« Schnell liefen sie in den Wald, wo sie ihn gestern hingejagt hatten, und fanden ihn schlafend unter einem Baum.

Der Bettelmann schien gar nicht überrascht über die seltsame Bitte, die die Dorfbewohner flehentlich vorbrachten.

»O ja, diese Pflanze kenne ich«, sagte er. Er ging durch das Gestrüpp bis zum Bach, bog einige

Äste zur Seite und zeigte auf eine hohe Pflanze
mit einem lustigen Blütenball am Stielende.
»Heute war der volle Mond am Himmel, morgen nacht werde ich die Wurzel ausgraben.«
Und so geschah es auch. Angelika bekam ihren
Tee und wurde rasch gesund. In allen Ställen des
Dorfes hingen Büschel des Krautes, und bald ließ
sich kein Teufel und kein Kobold mehr im Dorf
blicken.

Viele Jahre später, als längst wieder das Gute in
das Dorf eingekehrt war, Kinder durch die Gas-
sen liefen und die Bauern erst mit den letzten
Sonnenstrahlen von ihren Feldern kamen, erzählte das Mädchen von damals, das inzwischen
eine junge Frau geworden war, die Geschichte
vom Engel und dem Kraut und nannte es immer nur »Engelkraut«.
Für die Leute des Dorfes aber blieb die Pflanze
bis heute »die Angelika«.

Die Angelika

nennt man auch Engelwurz oder Heiligengeistwurz (als hätten die Engel oder der Heilige Geist persönlich dieses himmlische Gewächs auf die Erde gebracht!). Eine andere Geschichte berichtet, daß die Angelika von einem der Erzengel die Kraft erhalten hat, böse Geister und Dämonen fernzuhalten.

Angelika wächst an Flußufern und auf feuchten Wiesen, am liebsten im Halbschatten.

Verwendet werden die jungen Blätter und Blüten (im Frühling), die Früchte und Samen (im August) und vor allem die Wurzel (im Oktober).

Ihr Geschmack ist süßlich. Zerreibt man das Kraut zwischen den Fingern, riecht es würzig.

Die Angelika wirkt appetitanregend, nervenberuhigend und heilend bei Beschwerden der Atemwege (deshalb nennt man sie auch manchmal »Brustwurz«).

Noch was: Wußtest du, daß der Mond in allen lebendigen Wesen das Wasser anzieht? Seine Wirkung ist um so stärker, je mehr reflektiertes Sonnenlicht er auf die Erde wirft: Bei Vollmond schleppen die Mondfeen das Wasser in Kübeln, bei Neumond schlürfen sie den Rest mit dem Strohhalm.

Baldrian

Als der Hirtensimmerl am fünften Tag des abnehmenden Mondes am Euter seiner Kuh Malli zupfte, blieb der Melkeimer leer: Kein Tröpfchen Milch ließ sich blicken!

»Arme Malli«, sagte der gute Bauer, »wirst doch nicht Würmer haben?«

Als auch am nächsten Tag die Kinder ohne ihren Kakao zu Bett gehen mußten und die Bäuerin den dritten Tag keinen Schmarrn kochen konnte, wurde der Hirtensimmerl unruhig und schickte

nach dem Tierdoktor. Der untersuchte die Malli
ganz genau, schaute ins Ohr und unter den
Schwanz, aber nichts Krankes war zu erkennen.
»Muh«, brummte die Malli und kaute fröhlich
vor sich hin.
Zu Neumond, gerade wo man gut und tief
schläft, wurde der Hirtensimmerl gegen zwölf
Uhr wach und hörte lautes Getrampel aus dem
Kuhstall.
»Die Malli, um Gottes Willen«, schrie er auf und
rannte im Nachthemd, mit Zipfelhaube und
Pantoffeln aus dem Haus.
Gut, daß der Bauer so dick angezogen war, er
verbrachte die ganze Nacht im Freien. Die Malli
hopste im Stall auf und ab, als würde sie tanzen,
drehte sich im Kreis und wieherte dabei wie ein
Pferd. Als man den Hirtensimmerl am nächsten
Morgen im Nachthemd mit Zipfelhaube und
Pantoffeln auf dem letzten Ast der Kastanie
beim Bach sitzend fand, zitterte er am ganzen
Leib und brachte kein Wort über seine Lippen.
Und die Malli stand in ihrem Stall und kaute
fröhlich vor sich hin.
Am siebten Tag des zunehmenden Mondes
durfte der Hirtensimmerl zum erstenmal wieder
das Bett verlassen. »Vorsicht«, hatte der Men-
schendoktor gesagt. »Keine Aufregungen mehr!
Er ist nicht nur nervös, sondern hysterisch.«

Am achten Tag des zunehmenden Mondes, als der Hirtensimmerl, in warme Decken gehüllt, die beruhigende Pfeife im Mund, auf der Veranda saß und fühlte, wie sein Blut wieder langsam die Wangen rot färbte, tauchte plötzlich und ohne jede Vorwarnung die Kuh Malli hinter dem Dach des Stalles auf, flog in etwa siebenundzwanzig Meter Höhe eine Runde über den Hof, steuerte dann mit dem quastigen Schwanz sehr geschickt zurück in ihre Heimat und verschwand, nach einer sehr eleganten Landung, wieder im Stall.

Zu Vollmond war der Hirtensimmerl zum erstenmal wieder ansprechbar. Bis dahin hatte er immer nur »fliegen« gemurmelt, hatte die rechte Hand wie ein Segelflugzeug kreisen lassen und dabei irr gelacht.

»Noch so ein Anfall«, sagte der Menschendoktor, »und der Hirtensimmerl muß in die Anstalt.«

Die Bauersfamilie war verzweifelt: der Vater krank, keine Milch mehr und die Arbeit seit Wochen nicht mehr getan.

Aber in dieser Vollmondnacht sollte es noch wilder kommen: Der Alois, der kleine Hirtensimmerlsohn, kann nicht einschlafen, kann nie bei Vollmond einschlafen. Und so liegt er mit großen, offenen Augen da und schaut, wie die Schatten langsam über die Wände wandern.

Plötzlich wird es ein bissl hell im Raum, dann immer heller, bis der Alois erkennt, woher das Licht kommt. Ein einzelner Mondstrahl, gerade wie ein Stecken, steht vor seinem Bett und macht ihm ein Zeichen, wie »komm mit«.

Der Alois ist ganz weg, wie verzaubert ist er, und wandert hinter dem Strahl her. Jetzt steht der Alois vor dem Stallfenster und sieht mit einemmal, wie's ganz hell ist im Stall und sieht die Malli. Aber die schaut nicht mehr wie eine Kuh aus, sondern wie ein Elefant aus dem Schulbuch. Einen Rüssel hat sie, und die Hörner wachsen jetzt unten beim Maul heraus.

Heilige Maria, denkt der Alois, der Papa! Und denkt daran, wie es sein wird, den Vater einmal im Monat in der Anstalt zu besuchen.

Ist das schon Schreck genug, zuckt er jetzt noch mehr zusammen. In einem Winkel, unterm Dach, sitzt was, was aussieht wie eine Hexe. Nicht wie eine gute, ein Kräuterweibl, nein, wie eine böse, und wie sie lacht und dabei Galle spuckt, und aus den Ohren dampft's ein bissl.

Jetzt weiß der Alois auch, warum der Vater im Bett liegt und zittert. Die Hexe treibt mit der Malli ein böses Spiel!

Da ist's dem kleinen Alois, als ob ihm der Mondstrahl auf die Schulter klopft. Er dreht sich um und sieht, daß der Strahlenstecken ganz lang geworden ist, was heißt ganz lang, wie eine leuchtende Leiter steht er vor dem kleinen Alois, vom Hof bis zum Mond, und der kleine Alois Hirtensimmerl weiß nicht, ob er wach ist oder träumt, aber er klettert den Mondstrahlstecken hinauf und hinauf, und bald sieht er den Hof nicht mehr, und bald ist die Erdkugel hinter ihm nur mehr so groß wie sein Fußball, und dann steht er auf dem Mond. Genau dort, wo er den Mond betritt, ist ein Riß, und aus dem Riß wächst eine Pflanze. Ja, eine Pflanze auf dem Mond!

Der Alois traut sich nicht, das Kraut anzufassen, es riecht so komisch, die weißen Blüten sehen wie kleine Fallschirme aus. Ganz allein steht es auf dem großen Mond, weit und breit nix als Nix. Da sieht er, wie das Kraut sich bewegt, aber er spürt keinen Wind. Und er hört eine feine Stimme, aber niemand ist da.

Bis er ganz genau hinschaut und auf der weißen Blütenhaube ein winziges Wesen erkennt. Und er, der weiß, wieviel zwei mal zwei ist und daß Bregenz die Hauptstadt von Vorarlberg ist, der weiß plötzlich, daß das eine Mondfee ist, die da vor ihm sitzt. Und weiß, daß Mondfeen auf langen Strahlenstecken Wasser von der Erde holen, weil es auf dem Mond doch keines gibt.

»Die Pflanze ist für dich«, hört er die Mondfee sagen, »nimm sie, und vergiß die Wurzel nicht!«

Der Alois zieht das Kraut samt der Wurzel aus dem Mond, noch immer ganz verzaubert, dreht sich um und steigt den Mondstrahl wieder hinunter in Richtung auf den großen, blauen Ball, der unter ihm liegt.

»Warte«, ruft die Stimme noch einmal, »das Kraut häng zur Malli in den Stall, und die Wurzel koch für deinen Vater.«

»Ja, gut«, nickt der Alois, der mit einemmal alles weiß, »ja, ja, Mondfee, und danke!«

Am ersten Tag nach Vollmond fehlte der Hirtensimmerl Alois in der Schule. Seine Mutter hatte »Erbrechen« auf die Entschuldigung geschrieben. Aber das stimmte nicht. Der Alois wachte erst um zwölf Uhr mittags auf, schweißgebadet, und hielt in seinen kleinen Händen ein seltsames Kraut, das kein Mensch zuvor je gesehen hatte.

»Wo hast denn das her?« fragte die Mutter und machte schnell ein Kreuz – man kann ja nie wissen ...

Der Alois sagte kein Wort, schnitt die Stengel mit den Blüten von der Wurzel und hängte sie zur Malli, die ausnahmsweise wie eine Kuh aussah und friedlich vor sich hin kaute.

Dann bat er die Mutter, die nichts mehr verstand, um einen Topf mit kaltem Wasser, warf ein wenig von der zerkrümelten Wurzel hinein und gab den Tee nach dreizehn Stunden dem Vater zu trinken.

Am zweiten Tag nach Vollmond kam dreizehn Minuten nach elf, wie jede Nacht, die Hexe in den Stall, um mit der Malli ihren Spaß zu treiben. Als sie jedoch das Kraut über Mallis Kopf baumeln sah, wich sie entsetzt zurück und schrie auf: »Baldrian, na Prost, das hab ich nicht gewoßt!« – und ward nie mehr gesehen.

Am fünften Tag nach Vollmond zupfte der Hirtensimmerl am Euter seiner Kuh Malli, und der Melkeimer füllte sich mit köstlichster Milch.

Und draußen, am Hof, sangen sieben fremde Katzen ein trauriges Lied, und keiner auf dem Hirtensimmerlhof wußte, warum ...

Der Baldrian

Man nennt ihn auch Katzenkraut (weil seinem Geruch und seinem Geschmack keine Katze widerstehen kann), Bullerjan oder Mondwurzel (weil er in besonderer Beziehung zum Mond steht). Baldrian soll Hexen vertreiben, und ein alter Kräuterkundiger meint: Die Wurzel in Wein oder Wasser gekocht, in die Augen getropft, macht dieselbigen klar und rein!

Baldrian wächst in ganz Mitteleuropa auf Wiesen, an Waldrändern und Bachufern. Im Kräutergarten liebt er feuchte Plätze.

Verwendet werden hauptsächlich die Wurzeln, die man im Herbst ausgräbt und trocknet. Erst im trockenen Zustand entfalten sie ihre ganze Kraft (und ihren Duft).

Baldrian schmeckt bitter – sehr bitter.

Baldrian beruhigt die Nerven, läßt dich wunderbar schlafen und hilft dir, entlaufene Katzen herbeizulocken – aber wundere dich nicht, wenn du statt einer plötzlich dreizehn Katzen hast!

Basilikum

In einem Königreich, weit hinter dem Horizont, weilte der König eines benachbarten Landes zu Besuch. Die Herren Könige nannten es »Freundschaftstreffen«, obwohl das Hauptziel war, zu prahlen und sich gegenseitig zu beeindrucken. Sie hatten schon die gewonnenen Kriege, die getöteten Helden und die geküßten Frauen aufgezählt, als man zum wichtigsten Wettbewerb schritt, der im großen Speisesaal des Schlosses stattfinden sollte. Dort bogen sich die

Teller vor Köstlichkeiten, und draußen saß das
Volk vor leeren Schüsseln – so war es damals
und ist es noch heute ...

Es war eine herrliche Sommernacht, die Fenster
zum Park standen weit offen, die Geiger duel-
lierten sich mit den Vogelstimmen, und beider
Musik war einzig dafür bestimmt, den Gaumen
zu kitzeln für immer neue ausgefallene Speisen.
Die Diener schleppten ein Silbertablett nach dem
anderen mit allen Leckerbissen dieser Welt her-
bei: Elefantenohrenauflauf, geröstete Seepferd-
chenmagen, Eulenaugengulasch, Leuchtkäfer-
palatschinken und und und ... Die Könige samt
ihren Gemahlinnen rülpsten sehr vornehm, die
Diener erbrachen sich sehr zurückhaltend auf
den Toiletten. Das Freßfest strebte seinem Höhepunkt entgegen: Soeben wurde von einundzwan-
zig Dienern ein gewaltiges Tablett mit frischen
Walfischhirnen in den Saal balanciert, als der
Nachbarkönig von seinem Sessel hochfuhr und
mit bebenden Nasenflügeln zu einem offenen
Fenster stürzte. »Was in aller Welt riecht da so
himmlisch?« schrie er vor Begeisterung, und alle
anwesenden Damen und Herren des Hofes ris-
sen ebenfalls ihre Nasen hoch und schnupper-
ten, denn der nachbarliche König war berühmt
für seine feine Nase.

»Noch nie habe ich Edleres, Köstlicheres, Feineres

gerochen als diesen Geruch. Was ist das?« Keiner
der Gäste wollte natürlich zugeben, daß er außer
guter Landluft gar nichts roch, und so stimmten
alle in den Jubel über den Geruch ein. Nur dem
Gastgeber zog etwas durch die Nase bis zu den
Zehen: Ärger und Wut auf diesen Duft, der ihm
den Höhepunkt seines Galaessens verpatzt hatte.
»Zurück zum Walfischchen«, befahl er mit süß-
licher Stimme und patschte mit seinen Fetthän-
den zum Aufbruch. »Nach so einem Duft – niemals!« rief der königliche Besucher empört. »Ich
will keinen Bissen mehr anrühren, bevor ich
nicht dasjenige vor mir habe, das einen solchen
Duft ausströmt.«
Den Festgästen fiel ein Stein vom Magen – auf
Walfischhirne hatte keiner mehr Appetit, und
außerdem hieß es jetzt, eine feine Nase zu be-
weisen!
Es begannen heftige Diskussionen darüber, zu
welchen Speisen dieser Duft am besten passen
würde. Die Könige überboten sich in ihrer Phan-
tasie, je stärker der Duft zum Fenster herein-
wehte, und alle, außer dem Besucherkönig
natürlich, begannen zu verzweifeln, weil sie so
tun mußten, als würden sie mit jedem neuen
Riechen ein neues Gericht herbeizaubern. Aber
ihre knoblauchgewöhnten Nasen fingen nicht
einmal den Hauch eines besonderen Duftes ein.

Als die ersten Vogelwecker im Park zu hören waren, der Wein die Sinne der Gäste, vor allem den
Geruchssinn, vollends benebelt hatte, mußte sich
der Minister für Essensfragen mit seinem Stab
auf die Suche nach der geheimnisvollen Pflanze
machen. Jetzt wurde die Sache knifflig: kamen
sie ohne Kraut zurück, bedeutete das, sie hätten
es nicht gerochen. Und diese Schande konnte
nicht nur die Nase, sondern möglicherweise den
ganzen Kopf kosten. Brachten sie aber irgendein
Kraut zurück (es wäre ein unglaublicher Zufall
gewesen, hätten sie aus den Tausenden Pflanzen
das richtige gefunden) und behaupteten, es han-
dele sich dabei um das gesuchte, würde dies die
völlige Disqualifikation ihrer Nasen und ihrer
Person nach sich ziehen. Denn ohne eine feine
Nase war man ein Niemand an diesem Hof. Der
König und sein Minister, ja überhaupt alle, konnten nur auf ein Wunder hoffen.
Die Amtszeit des Ministers für Essensfragen en-
dete mit der kühnen Behauptung, der Geruch sei
verschwunden, deshalb hätten sie das Kraut
auch nicht ausfindig machen können. Unglücklicherweise wurde gerade in diesem Moment
der königliche Gast von einer neuen Wolke un-
beschreiblichen Geruches umhüllt. »Ich kann
nicht umhin zu bemerken«, sagte der Nachbarkönig, »daß Eure Majestät von unfähigen Leuten

umgeben sind. Dieses Kraut scheint nicht nur die Magennerven zu verzaubern, sondern es entlarvt auch Hirnlose. Wunderbar! Tausend Golddukaten dem, der mir diese Wunderblume herbeischafft!«

Der ganze Hofstaat pflügte den königlichen Park um, und als die Dämmerung dem Spiel gnädig ein Ende setzte, war der Rasen um das Schloß in einen Acker verwandelt.

Im Speisesaal türmten sich Stengel und Wurzeln, Zapfen und Blüten. Im Raum hing eine Duftwolke, die drei Damen und einen Herrn in Ohnmacht fallen ließ, aber *der* Duft war nicht darunter.

»Was ist das für ein Königreich ohne Nasen?« schrie der Besucherkönig. »Ihr wollt mich doch nicht zwingen, mich höchstpersönlich auf die Suche nach dem verdammten Kräutlein zu machen?«

»Nein, nein, nicht doch«, antwortete der Gastgeberkönig, der sein Ansehen völlig dahinschwinden sah.

»Liebster«, begann plötzlich die Gemahlin des Hausherrn, »du bist doch berühmt für deine Nase. Sei ein guter Gastgeber und Vorbild für das Volk, und hole du unserem Gast die rätselhafte Blume.«

ZACK – das traf den Gemahl wie ein Keulenschlag. Nun brachte dieser dämliche, unriechbare Geruch irgendeines Wald- und Wiesenkrautes den König an den Rand der Abdankung. Denn es lag auf der Hand, daß die Königsuntreuen diese Gelegenheit sofort wahrnehmen würden, dem König auf seiner unnützen Nase herumzutanzen. »Äh, ich, natürlich, du hast recht. Morgen werde ich der geschätzten Majestät zum Abschied die Pflanze überreichen.«

»Hoch lebe unser König!« rief das Volk und war sehr stolz auf die königliche Nase.

Die Nacht wurde zur Hölle. Der König legte sich zwei Stunden in eine mit Eis gefüllte Wanne, um die rettende Grippe zu bekommen, tropfte sich warmen Kräuteressig in die Nase, um den Schnupfen zu locken, aber die gesunde Kost der letzten Tage hatte ihn völlig unangreifbar für jede Krankheit gemacht.

Die Turmuhr schlug schon drei, als der König durch Geheimboten im ganzen Reich verlautbaren ließ, daß derjenige das halbe Reich bekäme, der ihm das Kraut besorge – er läge bedauerlicherweise mit einer Nase, rot wie die Sonne im Juli, im Bett.

Das halbe Königreich hatte sich versammelt, um den Besucher zu verabschieden, aber vor allem, um die Bloßstellung der königlichen Nase zu beobachten. Kutsche um Kutsche, gefüllt mit erlesensten Geschenken, rollte über den Platz. Reden wurden gehalten, und das Herz des Königs tickte wie eine Zeitbombe. Der Moment, der furchtbare Moment, wo die königliche Nase aus dem königlichen Gesicht fallen würde, rückte immer näher.

»Und nun ... äh ... ist der Moment gekommen, Eurer Majestät zum Abschied ... zum Abschied ...«. Gerade als der König in sich zusammensinken und »zum Abschied die Hände reichen« sagen wollte, statt »das Kraut«, fuhr der Geruchskönig wild herum, stürzte auf die Absperrungen zu und blieb vor einer Frau aus dem Volk stehen. Auf ihrer Brust hingen drei Spaghetti, die wohl beim Frühstück dort hingepatzt und vergessen worden waren.

Zwei königliche Finger nahmen eine der Nudeln vom Kleid und hielten sie unter die feinfühlige Nase.

»Das ist es, ja, das ist es!« schrie der König auf.

»Wie originell, Majestät, wie originell, mir das Kraut zum Abschied auf einer Nudel zu servieren. Aber nun sagt, wie heißt es, wie sieht es aus, und woher kommt es?«

Noch bevor der Gastkönig sich von dieser unerwarteten Wendung erholen konnte, lachte die Frau: »Meint Ihr mein Basilikum, erlauchteste Durchlaucht? Mein Mann, der Seefahrer, hat es mir mitgebracht. Ich streue es mir immer über die Nudeln, wenn ich Sehnsucht nach ihm habe.«

»Geh und hole unserem Gast von diesem Kraut, soviel du tragen kannst!« befahl der König und strich sich über die Nase, die ihn so erbärmlich im Stich gelassen hatte. So konnte er zum Abschied endlich das Kraut überreichen, und als Schlußpunkt verlautbarte er noch, daß von diesem Tag an, zu Ehren des Gastes, diese Pflanze »Königskraut« heißen sollte! »Hoch lebe unser König!« rief das Volk, und mit einemmal trugen sie alle stolze Nasen im Gesicht!

Das Basilikum

nennt man auch Königs- oder Hirnkraut. (Königskraut, weil es einen »königlichen« Geschmack zaubert; Hirnkraut, weil es das Essen leicht verdaulich macht und so für einen klaren Kopf sorgt – klingt doch logisch, oder?)

Wild wächst Basilikum vor allem im Mittelmeerraum (ursprünglich kam es aus Indien). Du kannst es aber ganz leicht im Garten oder in einer Tonschale ziehen (im Topf wächst es das ganze Jahr über). Es blüht von Juni bis September.

Verwendet wird das ganze Kraut.

Im Sommer, wenn es schon sehr hoch steht, duftet der ganze Garten stark nach Basilikum.

Heute verwendet man das Basilikum vor allem in der Küche. Aber nicht nur wegen seines Aromas, sondern auch wegen seiner beruhigenden, windtreibenden, verdauungsfördernden Wirkung.

Apropos Mond: Du weißt ja, daß der Mond achtundzwanzig Tage braucht, um von einem Vollmond zum nächsten zu gelangen. Dabei durchläuft er einmal den Tierkreis. Nach Vollmond nimmt er vierzehn Tage lang ab, bis er ganz dünn geworden ist und Neumond heißt. Danach nimmt er vierzehn Tage zu, bis er wieder dick und fett und strahlend am Himmel steht.

Brennessel

Zwei hatten sich ineinander verliebt. Wollten vor den Traualtar treten und sich ein »Ja« küssen. Wäre es so einfach gegangen, wäre die Geschichte schon wieder vorbei.

Aber sie fängt gerade erst an, und ihr könnt sicher erraten, warum: Ein Vater sagte nein, und der andere wäre froh gewesen, hätte er die Hochzeitsglocken gehört.

Der Brautvater – halt, soweit sind wir ja noch nicht – der Vater des Mädchens war der reichste

Bauer des Landes. Sein Wald wurde nur vom Horizont begrenzt, seine Felder lagen wie glitzernde Meere in der Sommerhitze, und in seinen Ställen wohnte so viel Vieh, daß er es aufgegeben hatte, es zu zählen. Alles war im Überfluß vorhanden, fast alles: Es fehlten die Kinder. Er hatte nur eine einzige Tochter. Und die hatte sich nicht etwa den Sohn des zweitreichsten Bauern oder den Sohn des Bankdirektors ausgesucht, sondern es mußte ausgerechnet ein völlig verarmter Königssohn sein.

»Wenn der meinen Hof übernimmt, ist er bald nicht nur ein armer König, sondern auch noch ein armer Bauer. Nein, dieser Lump kommt für dich nicht in Frage.«

Eine traurige Geschichte.

Doch wer liebt, kennt keine Hindernisse und schon gar nicht in Form eines Geldsackes. Der Bräutigam – halt, soweit sind wir ja noch nicht – der arme Prinz hatte noch eine zweite Liebe. Nein, denkt nicht schlecht, seine andere Liebe waren die Pflanzen und Kräuter. Während die Verwandtschaft an anständigen Königshöfen mit edlen Pferden, goldenen Figuren und fremdländischen Gauklern ihre Zeit totschlug, waren dem Prinzen nur der Schloßgarten und seine Bewohner zum Zeitvertreib geblieben. Er kannte jede Pflanze, wußte alle beim Namen zu nennen, woher sie kamen und wozu sie zu gebrauchen sind.

»Ach, ich bin ja so unglücklich«, seufzte das arme, reiche Mädchen, »mein Vater wird uns nie erlauben zu heiraten.«

»Geduld«, flötete der Prinz, »ich habe bereits einen wunderbaren Plan!«

Das Schnellste, was es auf der Welt gibt, sind Gerüchte. Der Prinz wußte, daß es keine Stunde dauern würde, bis sein Schwiegervater – halt, soweit ist es ja noch nicht – erfahren würde, was sein Schwiegersohn – halt – ausgeheckt hatte.

»Man erzählt sich«, murmelte ein Mündchen in ein Öhrchen, »aus ganz sicherer Quelle, mit eigenen Augen gesehen, hundertprozentig, daß der Prinz eine Pflanze besitzen soll, die reines Gold wert ist. Reines Gold! Jawoll!«

Dieser arme Schlucker, dachte der Bauer, das kann nicht sein. Dann müßte er doch Säcke voll Gold besitzen.

»Hört weiter, was man sich erzählt: Diese Pflanze ist so edel, daß nur der ihr Gold ernten kann, dessen Hände noch nie Unrecht getan haben. Die Pflanze erkennt jede Lüge und holt ihren Verbündeten, den Teufel, zu Hilfe, der die unehrlichen Hände verbrennt.«

»Und das Gold?« rief der Bauer ungeduldig.

»Wer die Pflanze richtig zu behandeln weiß, dem fließt das Gold wie Blut, wird immer mehr. Und hört: Ihre Wurzeln sollen wie goldene Dukaten sein.«

»Ja, aber sagt: Warum zeigt er seinen Reichtum nicht und läßt meine arme Tochter und mich in Unwissenheit?«

»Seid Ihr blind?« flüsterte das verschwiegene Mündchen und rückte noch ein Stück näher ans taube Öhrchen. »Seht Euch den Prinzen doch an: Wangen wie ein Kind in der Wiege, die Augen strahlen wie Sterne, und seine Kräfte sollen übermenschlich sein. Sieht so aus, wer arm ist? Seht in den Spiegel! Diese Beschreibung könnte auch auf Euch passen. Und seid Ihr arm?«

Der Bauer sah in den Spiegel und sah tiefe, schwarze Ringe unter stumpfen Augen, graue Wangen und schlaffe Arme, die wie Preßsäcke vom Körper baumelten.

»Ja, ja, du hast wohl recht. So ... sieht ... kein ... Armer aus ...« Ganz überzeugt war der zukünftige Schwiegervater noch nicht, zu unglaublich schien das, was er da gehört hatte. Er nahm sich deshalb vor, den zukünftigen Schwiegersohn auf die Probe zu stellen.

Er spitzte seinen Mund zu einem Mündchen und schickte ein Gerüchtchen auf die Reise, daß

irgendein Sterndeuter irgendwann mal voraus-
gesagt habe, seine Tochter werde mit dem ver-
mählt werden, der eine Pflanze, die reines Gold
wert sei, neben das Gutshaus pflanze.

Der Prinz lachte sich halbtot! Sein Schwiegervater – fast war es soweit – war ihm in die Falle
gegangen. Schnell lief er in seinen Garten und
grub dort seinen mächtigsten Brennesselstrauch
aus. »Er wird euch nicht erkennen«, flüsterte er
seinen Brennesseln zu. Er hat euch schon vor
langer Zeit von seinem Besitz vertrieben und
ausgerottet. Auf reichem Land darf doch kein
Unkraut stehen! Hoho!«
»Werter Herr«, begann der Prinz seine Werbung,
»die Kunde berichtet, daß der Eure Tochter zur
Frau bekäme, der eine Pflanze wie pures Gold
neben Euer Haus setzt. Lange konnte ich mein
Geheimnis bewahren, doch nun ist der Moment
gekommen, es für Euch zu lüften: Ich besitze
eine solche Pflanze. Und für Eure Tochter will ich
sie Euch schenken.«
»Gut, grab sie nur dort draußen ein«, antwortete
der Bauer und ließ sich seine Erregung nicht an-
merken. »Dann werden wir schon weitersehen.«
Der Prinz grub seinem Brennesselstrauch dicht
am Haus ein Loch, wo nicht allzuviel Licht hin-
kam.

»Ach, etwas Wichtiges hätte ich fast vergessen«, sagte der Prinz. »Ihr müßt jeden, der keine unschuldigen Hände hat, davor warnen, meine Pflanze zu berühren. Der Teufel höchstpersönlich wird sie ihm verbrennen. Ihr aber, werter Vater – ich darf doch so sagen –, dürft natürlich jederzeit ihr Gold ernten!«

Kaum war der Prinz auf sein Armenschloß zurückgekehrt, rief der Bauer seine Bediensteten zu sich: »Wer von euch hat reine, unschuldige Hände?«

Etwas empört traten alle einen Schritt vor und hielten ihre Hände hoch: »Ich!« rief ein jeder.

»Das habe ich auch von euch erwartet. Ihr geht nun zu dem Strauch vor dem Haus und bringt mir davon ein Blatt. Aber nur eines.«

Es dauerte keine Minute, bis der Bauer ein jämmerliches Geschrei und Gewimmer von draußen hörte, daß ihm ganz angst und bang wurde.

»Sapperlot, da scheint was Wahres an der Geschichte dran zu sein.«

Mit dickgeschwollenen, glühendroten Händen kamen die Knechte und Mägde zurück.

»Die Blätter sitzen fest wie angenagelt«, verteidigte sich der eine.

»Sie haben laut gebettelt, nicht abgerissen zu werden, da hab ich mich erbarmt«, rief eine andere.

»Lumpenpack!« schrie der Bauer und holte seine Peitsche. »Kein einziger von euch hat unschuldige Hände, das ist es!« Und er jagte alle aus seinem Haus.

Natürlich wußte er, daß auch seine Hände nicht gerade die reinsten waren, aber der Gedanke, daß nur ein paar Meter von ihm entfernt eine unerschöpfliche Goldquelle lag, machte ihn fast verrückt.

Sobald die Dunkelheit Haus und Land in ihren schwarzen Sack gesteckt hatte, schlich er zum Busch, um sein Glück zu versuchen. »Vielleicht geschieht ein Wunder«, hoffte er. Um unentdeckt zu bleiben, war er ohne Licht hinausgegangen – schon sah er die silbrigen Blätter leuchten, die sich sogleich in goldene verwandeln würden, noch ein Schritt ... ZACK, KLESCH, gab's ein fürchterliches Gepolter, einen schrecklichen Schrei wie von tausend Teufeln, ein Knacksen und Rascheln: die Knechte und Mägde hatten nach ihrer »Goldsuche« in Panik ihre Schaufeln und Besen und Mistgabeln fallen gelassen, über die ihr Herr beim Anpirschen gestolpert war. Und nun lag er mitten in den Brennesseln!

»Ich habe gehört, werter Schwiegerpapa, daß Euch eine seltsame Krankheit über Nacht ereilt hat. Hoffentlich nachdem Ihr meinen Goldstrauch ausprobieren konntet. Und? Seid Ihr zufrieden mit dem Gold?«

»Äh, ja, es geht, es geht. Ich werde es mir überlegen, ob du würdig bist, die Tochter eines Mannes mit so reinen Händen zu heiraten.«

»Überlegt nicht zu lange, es warten viele, die meinen Strauch auch haben wollen!« Der Prinz wollte schon zur Tür hinaus, als er sich nochmals umdrehte. »Übrigens, ich habe euch ein Geschenk mitgebracht.« Und er holte aus seiner Rocktasche einen Strauß junger Brennnesseln. Der Bauer starrte ihn entsetzt und fassungslos an – das Kraut, das ihn gestern nacht so verbrannt hatte! »Oh, danke, zu lieb von dir, aber im Moment sind schon alle Kisten voll mit Gold. Nimm du nur, du brauchst es jetzt, lieber Schwiegersohn, du brauchst es!« Keine Woche verging, da wurde Hochzeit gefeiert, und der reiche Bauer konnte nicht umhin, seiner Tochter als Mitgift eine Kiste voll Gold, metallenes Gold, zu schenken.

Der Bauer wurde aber dadurch getröstet, daß seine »Goldquelle« hinter dem Haus wuchs und wuchs und wuchs ...

Und er ist sicher noch nicht gestorben, denn er trinkt jeden Morgen eine Tasse »heißes Gold«!

Die Brennessel

»Das wunderbarste Unkraut!« – »Das gesündeste Wild-
gemüse!« – »Werdet einfach und genügsam und ver-
achtet den Tisch nicht, den euch Gott gedeckt hat!« So
lobt man die Brennessel seit dem Tag, an dem sich der
erste Mensch daran gebrannt hat. Und was tun wir? Wir
trachten ihr heimtückisch nach dem Leben und wollen
das »lästige Unkraut« loswerden.

Wo sie wächst, brauche ich dir nicht zu erzählen: überall. Dabei bevorzugt sie die Nähe des Menschen, gera-
deso als wollte sie uns damit zeigen, wie wertvoll sie für
uns ist.

Verwendet werden (vor allem) die jungen Blätter und
die Wurzel (von April bis August).

Die Brennessel schmeckt (aber bitte nur junge Blätter
oder gekocht kosten) würzig und leicht säuerlich.

Brennesselspinat (oder Suppe) aus den jungen Blättern
ist eine Köstlichkeit für jeden Mittagstisch. Brennessel-
tee bringt im Frühjahr Körper und Geist in Schwung
(schau mich an!). Ganz allgemein reinigt das Kraut
schlechtes Blut und regt den Stoffwechsel an. Tee hilft
bei Magen-, Leber- und Darmbeschwerden. Und wirfst
du die Blätter in ein heißes Bad, nimmt der Schnupfen
Reißaus – die Elfen schwören darauf, und die würden
mich nicht belügen.

Dill

Als Gott zuerst die Frau und dann den Mann erschuf, hätte er sich nicht gedacht, daß später einmal die Wirtshäuser voller Männer und die Kirchen voller Frauen sein würden. Und wahrscheinlich hatte er auch nie geplant, daß die Männer sagen, so ist das, und die Frauen tun, was sie müssen. Gott sah dieses Mißgeschick und beschloß, schnell etwas Neues zu entwerfen, daß diese Ungerechtigkeit beseitigt werde. Er schnippte mit dem Finger, und es gab ein Kräutlein, nur geschaffen für solche Fälle. Und er schnippte noch einmal mit dem Finger, und da gab es Menschen, die dieses Kräutlein finden konnten und auch wußten, wozu es gut war.

So wurde es Brauch, daß die Braut, bevor sie zum Traualtar ging, dem Kräuterweibl einen Besuch abstattete.

Das Kräuterweibl wohnte immer im nächstgelegenen Wald, denn Beton und Glas nahmen ihm die Kraft, mit den Pflanzen zu sprechen. Auch kümmerte es sich gar nicht um Lacoste und Blue Jeans, es trug abgelegte Kleider, Blätter und Zapfen, und das kleidete es sehr hübsch.

Wenn die jungen Dinger mit glühenden Liebesköpfen zu ihm kamen, wußte es schon, was sie plagte! »Liebe Frau, mein allerliebster Schatz, er ... und ich heiraten doch bald, aber ich weiß nicht...«

»Alles klar, Mäuschen«, antwortete das alte Weibl und zwinkerte wissend. »Setz dich und beantworte mir einige Fragen. Dann werde ich dir das richtige Kraut schon finden. Also: Geht er ins Wirtshaus?« – »Ja.« – »Kommt spät heim und stinkt aus dem Mund?« – »Ja, kennst du ihn etwa ...« – »Schweig, Kind, ich kenne die Männer. Furzt und rülpst wie nur was?« – »Nun, nicht immer, aber ... ja!« – »Wenn er mal zu Hause sitzt,

will er von dir nichts wissen, außer er will sich
zu dir kuscheln?« – »Ja, schon, nur ...« – »Ist leicht
aufgebracht und ißt nur, was ihm schmeckt?« –
»Nein, mach ihn nicht so schlecht ... ja.« – »Und
du liebst ihn wirklich?« –

»Nach alldem, was Ihr mich da gefragt habt und
was ich geantwortet habe, weiß ich es nicht
mehr so recht ... Doch, ja, ich liebe ihn!«

»Gut, mein Kind, du hast Glück. Für diesen Kerl
brauchen wir nur ein gewisses Kräutl. Komm.«
Das Kräuterweibl nahm das Mädchen bei der
Hand, führte es ins hohe Gras, durchs Dickicht,
unter junge Föhren, bis das arme, hübsch he-
rausgeputzte Kind schon ganz zerzaust aussah.
Endlich kamen sie auf eine weite Lichtung, die
die Sonne goldgelb angepinselt hatte. Es roch
unwahrscheinlich nach Wald, und trotzdem ge-
lang es einem Geruch, sich durch alle anderen
hindurch zur Nase vorzukämpfen.

»Hier finden wir dein Zauberkraut!« Das Kräuterweibl bog das hohe Schilfgras zur Seite und
zeigte auf ein hohes Kraut mit gelben Blüten
und zarten, grünen Blättern.

»Lieber Dill, ich bringe dir wieder so ein armes
Wesen, das in wenigen Tagen von so einem rauhen Burschen zum Traualtar geschleppt werden
wird. Du mußt ihm bitte helfen!« Es murmelte
einige unverständliche Worte, wiegte den Kopf

dreimal nach rechts, dreimal nach links, dreimal in den Nacken und dreimal nach vorne.

Dann ging das Weibl rückwärts auf das Kraut zu und schnitt zwischen den Beinen hindurch den Dill. »Ich danke dir, Dill, daß du uns helfen willst.« Die sieben abgeschnittenen Stempel schwang es über seinem Kopf und überreichte sie dann dem Mädchen, das vor Staunen den Mund weit offen hielt.

»Höre: Wenn du dich auf den Weg zur Kirche machst, lege ein Zweiglein in deine Schuhe. Den ganzen Weg murmle: Ich hab Hirn und hab Dill, mein Mann muß machen, was ich will! Vergiß aber nicht das JA – sonst war alles umsonst. Normalerweise müßte er dann brav wie ein Lämmchen sein, aber höre: Stinkt er wieder mal aus dem Mund, laß ihn die Körner des Dill kauen. Will er dich nicht küssen, koch ihm einen Tee aus den Samen. Rumpelt ihm der Magen und das Gedärm, als hätte Luzifer Geburtstag, muß er einen Tee aus den Blättern trinken. Und will er nicht das essen, was du ihm auf den Tisch setzt, würze die Speisen mit den feinen Stengelchen. Glaub mir, es hilft!«

Und so ist es bis heute geblieben ... Probier es aus!

Der Dill

wurde schon in der Bibel als wichtiges Gewürz erwähnt. Karl der Große machte es in unseren Breiten bekannt, denn er ließ es überall auf seinen Besitzungen anbauen.

Die ursprüngliche Heimat des Dill war der Vordere Orient. Heute wächst er in jedem Gärtchen mit feuchter Erde, am liebsten an sonnigen Plätzen. Er freut sich aber auch über eine Topfwohnung, die auf einer Fensterbank steht.

Verwendet werden die Samen (im April), die Körner (von Juni bis September) und natürlich die feinen Stengelchen, die den ganzen Sommer über geerntet werden können.

Während der Blütezeit schmeckt der Dill am intensivsten (besonders gut für Gurken, Mayonnaise und für Fischgerichte). Auf der Zunge spürt er sich zuerst leicht scharf, dann aber friedlich süß an.

Aus dem Dillsamen bereitet man einen Tee, der dich herrlich schlafen läßt. Gekaute Dillkörner geben frischen Atem, und die alten Ägypter aßen Dill, wenn sie Kopfschmerzen hatten.

Übrigens: Bei zunehmendem Mond steigt das Wasser (in jedem Organismus, am deutlichsten siehst du es am Meer – Ebbe und Flut), die Zellen teilen sich häufiger, die Keimung der Pflanzen geht schneller voran. Und den Feen und Boskabautern fällt es leichter und leichter sich sichtbar zu machen ...

Estragon

Die Leute sagen: Die großen Drachen starben aus, weil die Jungfrauen sich nicht mehr verfüttern lassen wollten.
Die Menschen atmeten auf.
Die Wahrheit aber ist: Drachen waren von Beginn ihres Erdenlebens an Vegetarier. Sie fraßen Blätter, Blüten, Rinden und Pilze. Die Menschen aber verlachten die großen Viecher, weil sie grüne Blättchen fraßen, und trieben dumme Späße mit ihnen. Solange, bis es den Drachen reichte

und sie sich wehrten. Sie husteten den Menschen etwas, das heißt, sie spien ein bißchen Feuer, versengten dabei Haarschöpfe oder brannten auch mal ein kleines Dorf nieder.

Und weil die Menschen aus kleinen Feuerchen gern riesige Brände machen, entstanden wilde Geschichten über schreckliche Drachen.

Auch die Geschichte mit den Jungfrauen verhielt sich natürlich ganz anders: Die Drachen dachten, reine, unschuldige Wesen würden sie verstehen, würden ihr zartes Wesen erkennen, und deshalb verlangten sie mit Vorliebe nach jungen Damen. Die Drachen hatten recht: In den meisten Fällen verliebten sich die Mädchen in die großen Tiere und blieben freiwillig bei ihnen. Äußerst selten kam es vor, daß durch heftiges Küssen und Umarmen eine Jungfrau verstarb – im allgemeinen waren die Drachen trotz ihrer Größe sehr zärtlich und behutsam.

Nun also ist die Wahrheit über den Verbleib der großen Drachen ausgesprochen.

Plötzlich tauchte ein winzig kleiner Drache auf, kaum größer als ein Dackel, aber er benahm sich wie seine großen Vorfahren. Er raste auf seinen Stummelbeinchen durch die Dörfer, immer auf der Suche nach etwas Freßbarem – so sah es zumindest aus.

So wundert es nicht, daß ihre Nachfahren, die

Dackeldrachen, nicht nur zwergenhaft, sondern auch von schlechter Gesundheit waren. Besonders eine Krankheit machte ihnen zu schaffen: Sie litten unter ständigem Schluckauf. Alle sieben Sekunden schoß ein Feuerstrahl, winzig wie ein Streichholzflämmchen, aus dem Maul, und ihre Körper hoben bei jedem »Hicks« ein bißchen vom Boden ab.

Wenn der Dackeldrache vor lauter Bauchgrimmen und Halsbrennen durch die Dörfer raste, sah es wirklich furchterregend aus. Er bewegte sich ja nicht nur vorwärts, sondern durch den Schluckauf auch nach oben. Und der Grund seiner Raserei war nicht etwa ein Biß in die Waden der Menschen, sondern die Suche nach Hilfe. Aber alle liefen sofort in ihre Häuser und ließen sich nicht mehr blicken.

Der Dackeldrache hatte in einem sehr alten Buch, einem Erbstück einer Urgroßtante, die noch ein richtig großer Drache gewesen war, über einen »wahren Freund« des Drachengeschlechts gelesen. Von allen Kräutern, Blättern, Wurzeln war ihnen der Estragon am liebsten. Drachen liefen Hunderte Kilometer für ein Stengelchen des feinen Estragons. Es war ihr höchster Genuß, daran zu lutschen, ihn zu kauen, ja sie flochten sogar Kränze daraus und hängten sie sich um die Ohren. In dieser Geschichte stand auch, daß der Estragon das allerbeste Mittel gegen die typische Drachenkrankheit war: den Schluckauf!

»Dieses Kraut – hicks – muß ich unbedingt – hicks – haben«, rief der winzige Drache. Aber wo sollte er es finden? Schon seine Mutter hatte nichts mehr darüber gewußt und war im blühenden Alter von dreihundertsiebenundvierzig Jahren jämmerlich an Schluckauf zugrunde gegangen. So raste der Dackeldrache über das Land, immerzu auf der Suche nach Estragon.

Einmal stand er wieder ganz armselig vor einer verschlossenen Tür und brüllte und spie Flämmchen und hickste und hopste, als ein Fenster aufging und ihm ein Topf mit irgendeiner Suppe auf den Kopf geworfen wurde. Soweit war es mit dem stolzen Geschlecht der Drachen also schon gekommen! Die Suppe rann überall an dem Dackeldrachen herunter, es war ein erbärmlicher Anblick. Notdürftig säuberte er sich mit der langen Zunge den stacheligen Rücken, den gepanzerten Schwanz, das Gesicht und trottete kleinlaut davon. Trottete dahin, bis ihm plötzlich auffiel ... »Ich muß ... ja nicht mehr ... hicksen! Mein Schluckauf ist weg!«

Inzwischen waren die Leute aus ihren Häusern gekommen und beglückwünschten die tapfere Frau, die den Drachen mit der Kohlrabisuppe besiegt hatte. Sie freuten sich aber zu früh, denn der Dackeldrache kam ins Dorf zurückgeschossen, feuriger, lauter, schneller als je zuvor! Er bremste bei dem Haus, vor dem der Suppenüberfall stattgefunden hatte, und untersuchte die Reste der Suppe. Er fand feingeschnittene Blättchen: »Das muß der Estragon sein!« jubelte er, daß die Fenster und Türen wackelten und die Leute vor Schreck erstarrten, welche Kraft in diesem Minidrachen steckte.

»Gebt mir das Kraut!« brüllte er mit schrecklich verstellter Stimme. »Dann lasse ich euch für immer in Ruhe!«

Nun wollte es das Schicksal, daß in eben diesem Haus eine Hochzeit bevorstand. »Die Braut will er, hört ihr, die Braut!« jammerte die Familie.

»Das Kraut, aber sofort, sonst hole ich meinen großen Bruder, und der wird euer Dorf zermalmen!«

»Wenn wir ihm nicht die Braut geben, wird großes Unglück über unser Dorf kommen.« Und sie schoben die verängstigte Braut bei der Tür hinaus und wünschten ihr viel Glück.

Aber statt sie auf der Stelle zu fressen, kam der Dackeldrache ganz nah an sie heran und schmiegte sich an die hübschen Beine: »Bringst du mir das Kraut?« säuselte er.

»Nein, ich bin die Braut.«

»Wie bitte, du bist Estragon?«

»Nein, ich heiße Helene.« »Wieso Helene?«

»Wieso Estragon?«

So wäre es wahrscheinlich noch eine ganze Weile hin und her gegangen, wäre dem Drachen nicht plötzlich ein seltsamer Duft in die Nase gefahren. Er schnupperte, der Duft führte ihn unter den Rock der Braut, bis knapp übers Knie, wo im Strumpfband ein Büschel Blätter hing.

»Was is'n das?« fragte der Dackeldrache.

»Das ist ... äh, wie soll ich sagen ...«, stotterte Helene und getraute sich nicht mit der Wahrheit heraus. Es war nämlich ein altes Zaubermittel, sich Estragonbüschel unter den Rock zu hängen, als Schutz gegen ... Drachen, Schlangen und ähnliches Getier. Als Helene endlich sagte: »Das ist Estragon!« schlug der Minidrache vor Freude einen Salto und klatschte in die Pfoten!

Von diesem Tag an bekam er einmal in der Woche ein riesiges Büschel Estragon, hatte nie wieder Probleme mit Schluckauf und wurde der allseits geliebte Dorfdrache.

Der Estragon

Man nennt ihn auch Schlangen- oder Drachenkraut, weil er gegen Schlangenbisse oder ungemütliche Zusammentreffen mit Drachen (auch Dackeldrachen!) helfen soll – glaubten unsere Vorfahren.

Er wächst an sonnigen, windgeschützten Plätzen (auch im Topf natürlich) und verbreitet sich sehr schnell durch unterirdische Ausläufer.

Verwendet werden die Blätter, die man während des ganzen Sommers pflücken kann (Estragon ist übrigens eine winterharte und mehrjährige Pflanze).

Beliebt wegen seines feinen Aromas (er enthält Anis) – Estragonsenf!

Ein sehr beliebtes Küchenkraut. Die kräuterkundigen Hausfrauen und Hausmänner wußten (wissen?) auch warum: Ein hoher Gehalt an Mineralstoffen und Jod wirkt wohltuend auf den Magen und den Darm. Ideal für salzarme Diät. Ein Tip: Bei Schluckauf frische Estragonblätter kauen.

Was ich noch erzählen wollte: Saftiges Obst, wie Pfirsiche, bestimmte Sorten von Äpfeln, Orangen, aber auch safthaltiges Gemüse erntet man knapp vor Vollmond. Erdbeeren zum Beispiel besser knapp vor Neumond, dann sind sie nicht wäßrig.

Fenchel

Wenn die Sonne keine Lust zum Schlafen hat und der Mond fast gewaltsam von der Himmelsbühne verjagt werden muß, öffnen sich überall die Baumtüren und Felstore, und heraus schwärmen die Elfen und Boskabauter. Zu dieser Zeit gibt es für sie nichts Wichtigeres, als sich auf die Suche nach Fenchelsamen zu machen. Fenchelsamen ist die absolute Lieblingsspeise dieser Wesen, sie fliegen Hunderte Kilometer für ein Säckchen voll dieser Köstlichkeit. Die besten Plätze, warme, sonnige Stellen an Lichtungen, werden als Familiengeheimnis an die Kinder weitergegeben.

»So ein Glück«, lachte die Elfe, als sie in ihr Baumhaus zurückgekehrt war. »Soviel Fenchel habe ich schon lange nicht mehr gefunden.« Kaum hatte sie es sich bequem gemacht und zur Feier des Tages zwei oder drei Samen geknackt, als sie plötzlich lautes Weinen hörte. Auf der Wurzel ihres Baumes saß ein Menschenkind und schluchzte.

»He, Menschenkind, was gibt es denn so Schreckliches?« rief die Elfe. (Elfenworte hört man nicht mit den Ohren, sondern mit dem Herzen, und so antwortete das Kind, als hätte es sich die Frage selbst gestellt.)

»Meine Schwester fliegt und ... und mein Vater hat gesagt, wenn sie damit nicht sofort aufhört, flößt er ihr schreckliche Medizin ein – diese Schande erträgt er nicht mehr!«

»Deine Schwester kann fliegen?« rief die Elfe erstaunt.

»Die Arme hat solche Blähungen, daß sie abhebt und davonschwebt. Sie kann essen, was sie will, zwei Stunden später fliegt sie.«

Die Elfe mußte lachen – sie hatte schon gedacht, der kleine Mensch wollte es ihr gleichtun.

»Warte, Menschenkind, ich kann dir helfen!« Aus

ihrem Haus holte die Elfe schnell ein Säckchen köstlichster Fenchelsamen. »Und ich habe mich so darauf gefreut ...«, seufzte sie und ließ den Fenchel in die Hände des Kindes fallen.

»Wo kommt denn das her?« erschrak das Kind.

»Mach deiner Schwester einen Tee davon.«

»Das sieht so aus, als könnte ich meiner Schwester einen Tee daraus machen. Vielleicht hilft es – ein Geschenk des Himmels!«

Und wie es half! Das Kind stieg mit einer Leiter zur schwebenden Schwester hoch, flößte ihr den Tee ein, und mit lautem Geknatter landete sie auf der Erde, und alle jubelten!

Einige Tage später wurde die Elfe durch lautes Schluchzen aus dem Schlaf gerissen. Unten auf der Wurzel saß wieder das Kind ...

»Was ist jetzt?« rief die Elfe ein wenig ungehalten.

»Fenchelsamen hab ich keine mehr!«

»Ach, meine Schwester verhüllt Tag und Nacht ihr Gesicht mit einem Tuch. Mein Vater ist schrecklich wütend und will sie aus dem Haus jagen.«

»Warum tut sie das?« wunderte sich die Elfe.

»Der Armen wachsen über Nacht tausend Pickel und Pusteln im Gesicht, daß sie sich nicht mehr getraut, unter die Leute zu gehen.«

Wieder verschwand die Elfe in ihrer Behausung, nahm eine Packung reifer Fenchelfrüchte aus ihrer Vorratskammer und warf sie dem Kind in den Schoß.

»Das muß ein Zauberbaum sein«, jubelte das Kind. »Aus diesen Früchten brau ich meiner Schwester wieder einen Tee.«

»Halt, nicht so voreilig«, antwortete die Elfe schroff, »daraus kochst du ihr keinen Tee, sondern du legst die Früchte für zwei Tage in kaltes Wasser. Dann soll sich deine Schwester damit waschen.«

Das Kind war recht verwundert, was ihm alles im Kopf herumging, während es unter diesem Baum saß.

»Egal, wenn es nur hilft – ich danke dir, Baum«, murmelte es und rannte nach Hause.

Ein paar Tage später warf die Schwester das Tuch in eine Ecke und war so schön wie nie zuvor!

»Nun wird wohl Ruhe sein«, seufzte die Elfe und betrachtete mit Sorge ihren Fenchelvorrat, der arg zusammengeschrumpft war.

Aber keine Woche war vergangen, da dröhnte schon von weitem ein jämmerliches Heulen durch den Wald.

»Lieber Baum, hilf mir bitte! Ich habe etwas Schreckliches angestellt! Ich habe an den Bienenstöcken meines Vaters herumgespielt, und jetzt sind alle Bienen ausgeflogen und schon seit Tagen fort!«

Das gibt es doch nicht, dachte die Elfe. Langsam verzweifle ich! Warum können es nicht Katzen sein? – Baldrian wächst überall!

Aus ihrer Schatzkiste holte sie eine Dose mit Fenchelkraut und warf, nein, schleuderte sie dem Kind in die Arme.

»Oh, du lieber guter Baum«, jubelte das Kind, »schon wieder ein Geschenk. Tee oder Wasser?«

»Keines von beiden«, brummte die Elfe. »Du mußt das Kraut hacken, in Öl legen und damit bei Neumond die Bienenkörbe deines Vaters bestreichen. Dann habt ihr eure Bienen wieder!«

»Was mir alles in den Sinn kommt, wenn ich hier sitze, ist toll!«

Und wirklich – am ersten Tag nach Neumond waren alle Bienen in ihren Stock zurückgekehrt! Und die Elfe saß in ihrem Baumhaus, das noch ein bißchen nach Fenchel roch ...

Der Fenchel

gehört zu den ältesten Gewürz- und Heilkräutem (er wurde schon auf Papyrusrollen der alten Ägypter erwähnt). Man nennt ihn auch Kinderfenchel, wegen seiner beruhigenden Wirkung, vor allem bei Blähungen. In früheren Zeiten galt der Fenchel als Symbol des Erfolges. (Warum? Siehe unten.)

Wild kommt der Fenchel bei uns nur sehr selten vor, er bevorzugt warme Gegenden und auch im Gemüsegarten sonnige Stellen.

Verwendet werden die reifen Früchte (Auspflanzen im April, Blüte von Juli bis August, Ernte im September, Oktober) und die Samen.

Fenchel schmeckt würzig und sehr aromatisch.

Fenchelgemüse ist eine Köstlichkeit. Fenchelsamen ist ein wichtiges Brotgewürz (leichte Verdaulichkeit!), Fencheltee (aus den Samen) hilft bei Blähungen. Er wirkt magenstärkend, beruhigend und vertreibt deshalb zum Beispiel Kopfschmerzen, die durch schlechte Verdauung verursacht werden. Fenchelwasser für überanstrengte Augen, aber auch gegen unreine Haut. Gute Augen, gute Verdauung, reine Haut – Zeichen eines »Erfolgsmenschen« – deshalb ist (war) Fenchel ein Symbol für Erfolg!

Übrigens: Auch Bienen lieben Fenchel ...

Holunder

Der Wolf hatte ihm alle seine Schafe gefressen. Da ging der Schäfer auf Wanderschaft. Den Bach entlang, der Nase nach, manchmal mit dem Lauf der Sonne.

Doch es kam alles ganz anders.

Auf seinem Weg kommt er an einem Haus vorbei. Ein Mann steht vor einem kleinen Baum, eine Axt in der Hand.

»Du kommst mir nicht mehr wieder!« brüllt er und holt aus. Nur eine Sekunde lang bleibt der

Arm oben, und in dieser Sekunde geschieht es: Der Schäfer ohne Schafe hört ein Rufen – hoch und fein, keine Stimme, wie ein Schwingen in der Luft: »Hilf mir, du sollst es nicht bereuen!«
Er sieht, wie der Arm mit der Axt nach unten saust, und schreit: »HALT!«
Die Axt fährt in die Erde.
Der Mann sieht böse auf – Wer hat ihn bei der Arbeit gestört? – und ruft: »Was soll denn das?«
– »Ich nehme den Baum«, sagt der Schäfer ohne Schafe.
»Was willst du damit, du Tölpel?« lacht der Mann. »Der wächst dir über die Ohren.« – »Ich nehme ihn, leih mir eine Schaufel.« Und er gräbt den Baum sorgsam mit allen Wurzeln aus und macht sich wieder auf den Weg. Lange noch hört er das Lachen des Mannes hinter sich.
Den Bach entlang, der Nase nach, manchmal mit dem Lauf der Sonne. Vorbei an Häusern, Kirchen, Menschen hütet er den Baum, gibt ihm alle Stunden zu trinken. In einem Dorf begegnet er dem Trommelmann: »Hört ihr Leute! Holt das Schwarz aus euren Truhen. Der König liegt im Sterben.« – »Was hat er denn?« fragt der Schäfer mit dem Baum.
»Sein Wasserfall steht still – sein Fluß staut sich und droht das Land zu überschwemmen.«
»Wie? Welcher Wasserfall?« Und der Schäfer

sucht mit den Augen das Land nach einem ab.
»Aber nein«, flüstert das Volk, »du Dummer, verstehst du nicht? Der König kann nicht aufs Klo
– zu, verstopft!« – »Beileid«, wünscht der Schäfer
und will weiterziehen, bevor ihn Trauerzüge
stören. Da hört er ein Rufen – hoch und fein,
keine Stimme, wie ein Schwingen in der Luft:
»Schneide die Wurzel, und gib ihm davon zu
trinken.« – »Halt!« ruft der Schäfer mit dem
Baum. »Sag dem König, ich werde ihm helfen!«
Die Leute lachen, doch er schneidet die Wurzel,
gibt sie in Wasser, bis es sich braun färbt.
Der Zustand des Königs ist hoffnungslos, und so
trinkt er den Saft des Schäfers ohne Schafe mit
dem Baum. »Wenn er stirbt, verlierst du den
Kopf!« rufen die Leute. Doch nach zwei Tagen
rufen sie: »Hoch der Schäfer!« Denn das Brünn-
lein des Königs fließt wieder.
»Sag, was du dir wünschst«, befiehlt der König,
»Juwelen, Gold, Pferd oder Schiff.« – »Nein«, sagt
der Schäfer, »Erde für meinen Baum.« Alle lachen
über den dummen Kerl. »Gebt ihm ein Stück
Land für seinen Baum.«
Es ist ein schönes Stück Land, auf das er seinen
Baum pflanzt. An dem Tag, an dem die Sonne
am höchsten steht, schläft der Schäfer unter einem Dach aus feinen, weißen Blüten. Da hört er
wieder den Trommelmann aus weiter Ferne ru-

fen: »Hört ihr Leute! Heute bekamen die Haus-
löwen des Königs etwas Besonderes gekocht:
den Koch des Königs! Der König ist außer sich!
Keine Speise will ihm schmecken, keine Speise ist
ihm recht. Köche, kommt aus euren Häusern!«
Alter Fettsack, denkt sich der Schäfer unterm
Baum. Da hört er ein Rufen – hoch und fein, keine Stimme, wie ein Schwingen in der Luft:
»Pflücke die Blüten, und backe sie in Mehl.« –
»He, ho«, ruft der Schäfer, »ich möchte dem König
etwas kochen!« – »Wohl eine Erdsuppe mit Gras-
nudeln ohne Schafe«, spotten die Leute. »Hier
mein König«, sagt der Schäfer, »wohl bekomm's.«
Der König beißt vorsichtig in das braune Fremde,
schluckt, schmatzt, schmatzt immer lauter, brüllt
»mehr, mehr«, der Schäfer rennt, pflückt und
bäckt. Der König blüht, er strahlt, er küßt den
Schäfer. »Sag was du willst: Juwelen, das halbe
Reich, den Hofstaat!« – »Nein«, sagt der Schäfer, »ein
kleines Häuschen neben meinem Baum.« »Hihi,
hoho«, lacht das Volk, »so ein dummer Kerl! Ein
kleines Häuschen gegen das halbe Reich!«
Es ist ein hübsches, kleines Haus auf dem Land
neben dem Baum. Dort lebt der Schäfer ohne
Schafe glücklich und zufrieden. Als die Sonne
den Zug in Richtung Winter nimmt, hängt sein
Baum voll mit schwarzen Beeren. Da hört er
abermals den Trommelmann: »Hört ihr Leute!

Die Prinzessin wohnt seit dreizehn Tagen schon
an einem stillen Ort. Sogar die Speisen reicht
man dort, und Bad und Bücher wurden dorthin
geschafft. Ihr Bräutigam, der Prinz von Soundso,
ist abgereist, und der König verspricht dem die
Schatzkammer, der ihr helfen könne.« – »Was für
ein stiller Ort?« fragt der Schäfer. »Ach, bist du
dumm«, sagen die Leute, »den Durchmarsch hat
sie. Kommt vom vielen Fressen!«
Da hört der Schäfer ein Rufen – hoch und fein,
keine Stimme, wie ein Schwingen in der Luft:
»Pflücke die Beeren und trockne sie für die Prinzessin.« Bald darauf steht der Schäfer mit dem
Baum, dem Land und dem Haus vor dem Palast.
»Ich will zur Prinzessin« – »Du schon wieder«,
ruft der König, »gut, laßt ihn zu ihr.« Die Quack-
salber, Doktoren und Sterndeuter werden mit all
ihren Säften und Tinkturen fortgeschickt. Dann
tritt der Jüngling ein.
»Wie schön sie ist«, denkt er sich, »wenn auch
ein bißchen blaß.« Er gibt ihr die Beeren, und
noch bevor der Mond die Bäume und das Land
und die Häuser silbrig färbt, fällt die Prinzessin
dem Schäfer ohne Schafe um den Hals.
»Du bist ein Zauberkünstler«, jubelt der König.
»Was wünschst du dir diesmal? Ich gebe dir alles,
was du verlangst!«
»Alles?« fragt der Schäfer.

»Alles«, sagt der König.

»Ich habe einen Baum. Und Land mit einem Haus drauf. Was fehlt, ist eine Frau. Die Prinzessin würde mir schon gefallen!«

Dem König bleibt die Freude im Hals stecken. »Niemals«, röchelt er, »Schurke!« Dann sinkt er, blaugefärbt, zu Boden. Die Arzte kämpfen, die Zauberer hexen, und die Sterngucker rechnen. Da hört der Schäfer ein Rufen – hoch und fein, keine Stimme, wie ein Schwingen in der Luft: »Schabe die Rinde – von unten nach oben – schnell!«

Der Schäfer tut es und preßt dem König, der schon mehr tot als lebendig ist, das Stückchen Rinde in den Mund.

Der König würgt, hustet, spuckt und speit die Freude vor die Füße des jubelnden Volkes. Als die rosa Farbe wieder in sein Gesicht zurückkehrt, fragt er: »Wer hat mich gerettet?«

»Ich«, sagt der Schäfer bescheiden.

»Gut, du sollst meine Tochter haben – wenn sie dich will!«

Natürlich will sie, und die beiden liegen sich in den Armen. »Was kannst du meiner Tochter bieten?« will der König wissen.

»Einen Wunderbaum, mein König – ich kann ihr einen Wunderbaum bieten!« – »Und was kannst du meinem Volk bieten, wenn es einmal deines sein wird?« – »Einen Wunderbaum, mein König, ich kann meinem Volk einen Wunderbaum bieten!« Und so geschah es. Jeder im Land bekam einen Trieb des Wunderbaumes, und nun wißt ihr, warum man bei jedem Haus noch heute einen Holunderstrauch stehen sehen kann.

Der Holunder

Man nennt ihn auch die lebendige Hausapotheke der Natur! Früher galt der Holunder als Wohnsitz der Schutzgöttin der Häuser, deshalb findet man ihn auch immer in der Nähe von Haus, Stall und Scheune. Natürlich war es mit Unglück verbunden, einen Hollerstrauch zu fällen! (Auch unsere liebe Frau »Holle« hat eine geheimnisvolle Beziehung zum »Holler«strauch.)

Holunder wächst in der Nähe des Menschen, um seine guten Dienste anzubieten. Er ist nicht wählerisch, hat es aber gern sonnig und feucht.

Verwendet wird wirklich alles: die Wurzel (im Frühjahr), die Rinde, die heilkräftigen Blätter (spätes Frühjahr), die Blüten (Frühsommer) und die Beeren (Spätsommer). Der Holunder schenkt seine Gaben vom Frühling bis zum Herbst.

Die Wurzeln, in Wasser gelegt, sind wassertreibend, ein Tee von den Blättern läßt dich schwitzen (zum Beispiel bei Grippe), ein Aufguß aus getrockneten Blüten hilft bei Hautunreinheiten und Sonnenbrand. Die Beeren enthalten viel Vitamin C: getrocknet als Tee getrunken zur Blutreinigung, gekaut stoppen sie Durchfall, und ein Sirup vertreibt Husten und Heiserkeit. Und in der Küche gelten herausgebackene Holunderblüten und Holundersaft – entweder aus den Blüten (weiß) oder aus den Beeren (schwarz) – als Delikatesse!

Kapuzinerkresse

ℰr war ein Handwerksbursche. Fleißig und ehr-
lich und zufrieden mit seinem Leben. Bis zu
dem Tag, an dem er aufgeregtes Geschrei und
Gepolter hörte. Er zwängte sich durch die
Menschenmenge bis an den Rand der Straße.
Die königliche Kutsche fuhr durchs Dorf – das
kam alle paar Jahre einmal vor! Aus dem Fenster
der Kutsche winkte die Prinzessin. Als der Handwerksbursche, der Minuten zuvor noch seiner
Arbeit nachgegangen war, ihr Gesicht sah, stand

für ihn einen Augenblick lang die Weltkugel still,
verflogen die Menschen, Tiere, Häuser rund um
ihn, und alles, was es auf der Erde noch gab, waren dieses Mädchen und er. So war es. Für einen
langen Augenblick.

Die Kutsche und die winkende Prinzessin wurden immer kleiner, die Menge verlief sich. Nur
der Handwerksbursche stand noch da. Er wußte
nicht, ob der Wind sein Atem, der Himmel sein
Auge und die Stille sein Ohr war: die Liebe war
erbarmungslos über ihn hergefallen!

Er konnte nicht mehr arbeiten, konnte nicht
mehr schlafen, konnte nicht mehr essen.

Wäre es nur die Liebe gewesen, gut. Aber was
ihn plagte, war, daß die Königstochter für ihn
wegen seiner geringen Abstammung völlig un-
erreichbar bleiben würde. Er würde sie nicht einmal mehr zu Gesicht bekommen.

»Wie ungerecht die Welt doch ist!« seufzte er
und wurde immer dünner und dünner.

Die Prinzessin aber unterschied sich von üblichen
Prinzesinnen dadurch, daß sie weder eingebildet
noch eitel noch faul war. Sie liebte Blumen und
Kräuter über alles, und am liebsten hätte sie sich
einen Gärtner zum Mann genommen. Statt dessen mußte sie sich mit allen möglichen Braut-
werbern herumschlagen, Prinzen, die meist

schrecklich langweilig waren und von Blumen absolut nichts wissen wollten.

»Wie ungerecht die Welt doch ist«, seufzte sie und wurde immer unglücklicher und unglücklicher.

Eines Tages kam ihr die Idee, die Brautwerber nicht nach üblichen Methoden auszuwählen. Sie verlangte also keine Drachenköpfe, Ritterohren oder Wett-Trinkgelage – sie wollte die Blume der Liebe haben!

»Die Blume der Liebe?« riefen die Prinzen, als sie von dieser seltsamen Aufgabe hörten. »Welche soll das sein?«

Der Handwerksbursche war schon dünn wie eine Spinne, als er auf dem Marktplatz das neueste, königliche Gerücht hörte: Die Prinzessin wünschte sich den zum Mann, der ihr die Blume der Liebe bringen würde.

Da regte sich im Handwerksburschen ein wenig Hoffnung. »Die Blume der Liebe«, sagte er immer wieder vor sich hin. »Ich muß sie finden. Wenn es sie wirklich gibt, wird meine Liebe mich zu ihr führen. Und wenn ich sie sehe, werde ich wissen, daß sie es ist, die ich gesucht habe!«

Noch am selben Tag machte sich der Bursche auf den Weg. Er wanderte durch Ebenen, überquerte hohe Berge, er suchte in abgelegenen Tälern und in Gärten feiner Häuser.

Oft dachte er schon, jetzt hätte er sie gefunden, aber die schönen Blumen zeigten nur ihre Schönheit, die duftenden ihren Duft, die farbenprächtigen ihre Farben – die Blume der Liebe war nicht darunter.

Nach vielen Monaten kam er ans Meer und glaubte, nun am Ende der Welt angelangt zu sein.

»Sollte es diese Blume doch nicht geben? Was war es dann, was mich bis hierher gebracht hat?« Und er spürte die Liebe so stark wie nie zuvor in seinem Herzen, und er stieg in ein Boot und segelte die orangefarbene Straße entlang, von der Sonne für ihn ins Wasser gebaut.

Die Liebe brachte ihn weit hinter den Horizont.
»Wo bin ich hier?« fragte der Handwerksbursche.
»In Peru«, antworteten die Menschen, die eine andere Haut trugen als er.
»Finde ich hier die Blume der Liebe?«
»O ja, die Blume der Liebe!« lachten die Leute.
»Du wirst sie bei uns finden!« Der Bursche war außer sich vor Freude und Glück – nach tausendmal fragen hatte er zum erstenmal eine Antwort erhalten! Nun stand er knapp vor seinem Ziel. Er marschierte ins Landesinnere und traf viele, viele Blumen, die er nie zuvor gesehen hatte. Am Abend des ersten Tages seiner Wande-

rung in Peru lag er lange mit offenen Augen unter dem Sternenland und träumte von seiner Prinzessin. Plötzlich sah er, nicht weit entfernt, tausend kleine, feurige Funken durch die Luft wirbeln. Er sprang auf und schlich näher, um Nachschau zu halten, woher das geheimnisvolle Feuer wohl käme. Je näher er heranrückte, desto mehr hatte er das Gefühl, als würde es ihm den Hals abschnüren. Irgend etwas lag in der Luft, von dem er nicht wußte, woher es kam. Nun war er nah genug, um zu erkennen, daß die Funken aus der Erde zu sprühen schienen. Und als der Mond es endlich geschafft hatte, die aufdringlichen Wolken zum Gehen zu bewegen, und er sein Silberlicht anknipsen konnte, da sah der Handwerksbursche aus dem fernen Land, was er so lange gesucht hatte: eine Blume, die kein Auge für ihre Farbenpracht, keine Nase für ihren Duft, keinen Namen für ihre Schönheit brauchte. Wenn man sie sah, roch, befühlte, empfand man nur Wärme – Herzwärme! Sie hatte so viel davon, daß sich die Wärme ihres Herzens am kalten Atem der Welt entzündete! »Die Blume der Liebe«, murmelte der Bursche und wußte, daß er es geschafft hatte. Vor ihm lag nun der größte Schatz der Welt, der Schlüssel zur Liebe, der ihm alle Tore auf dem Weg zu seiner Prinzessin öffnen würde.

Er sammelte so viele Blumen der Liebe, wie er
nur konnte, und machte sich auf den Heimweg.
Im Hafen der Stadt am Meer suchte er nach einem Boot, das ihn so rasch als möglich in die
Heimat bringen sollte. Dabei stieß er auf eine
Gruppe von Menschen, die um einen Matrosen
standen, der auf dem Pflaster lag.

»Was hat der Mann?« fragte der Bursche.

»Die Seefahrerkrankheit, den Skorbut.« – »Kann
man ihm nicht helfen?«

»O ja, das könnte man schon. Mit der Blume der
Liebe.«

»Mit der Blume der Liebe?« wiederholte der Bursche. »Ich habe welche bei mir. Aber ich muß sie
weit fortbringen, sie sind für meine Prinzessin,
die ...« Da sah er den kranken Mann vor sich liegen und dachte: Ich habe doch so viele davon,
die müßten für die Prinzessin *und* den Mann reichen. Er gab dem Kranken die Hälfte seiner Blumen und wünschte ihm viel Glück.

Als er auf der anderen Seite des Meeres aus dem
Boot stieg, hatte er das Gefühl, als wäre die Kraft
der Blume der Liebe noch stärker geworden. Seine Augen erkannten plötzlich Dinge, die sie vorher nie wahrgenommen hatten, seine Ohren
hatten lauschen gelernt, und sein Herz war wie
eine Hand, die alles erfühlt. Er wanderte Tag und

Nacht, ruhte sich nur aus, wenn die Füße gar
nicht mehr wollten.

Als er irgendwo in einer Herberge übernachtete,
wurde er mitten in der Nacht von Stöhnen und
Schreien geweckt. Er ging den Lauten nach und
fand eine Frau, die aus einer großen Wunde blu-
tete. »Nichts will das Blut stillen und die Wunde
schließen«, sagte ihr Mann. »Wir haben schon alles versucht, vergeblich. Eine Kräuterfrau erzählte von einer Blume, deren Blätter Wunder wirken
sollen. Aber eine Handvoll dieser Blätter aus einem fernen Land kostet soviel, wie ich in einem
Jahr nicht verdienen kann.«

»Wie heißt diese Blume?«

»Man nennt sie die Blume der Liebe.«

Der Handwerksbursche zuckte zusammen. Wenn
er der Frau die Hälfte seiner Blumen gäbe, würde die andere Hälfte wohl noch reichen, um die
Liebe der Prinzessin zu erlangen?

»Wartet«, sagte der Jüngling, holte die Blumen
der Liebe hervor und gab die Hälfte davon den
Leuten.

Eine Handvoll Blumen war ihm noch geblieben.
Damit eilte er der Heimat entgegen, und nach
langer, mühsamer Reise stand er endlich wieder
vor den Toren seiner Stadt.

»Ich werde mich ausschlafen und den Blumen Zeit
geben, sich an ihre neue Heimat zu gewöhnen.«

Sieben Tage und sieben Nächte schlief er, dann machte er sich auf das letzte kurze Stückchen Weg zum Schloß der Prinzessin. Die Blume der Liebe war schön, duftend und farbenprächtig wie nie zuvor. Gerade als er die Hand ausstreckte, um an das Tor zu pochen, klopfte ihm jemand auf die Schulter. Er drehte sich um, und da stand ein Bettler mit einem Kind vor ihm.

»Junger Mann«, sagte er, »mein Kind ist krank und schwach und wird sterben. Ich habe von einer Blume gehört, die soll alle Kraft der Welt in sich tragen.«

»Wie heißt diese Blume?« fragte der Handwerksbursche und ahnte schon die Antwort.

»Sie soll Blume der Liebe heißen.« Der Jüngling blickte auf das blasse Kind, das kaum noch atmete, und sah den langen Weg, den er hinter sich hatte. Er sah die feurigen Funken der Blume, als er sie damals in Peru entdeckte, und sah die Prinzessin, wie sie auf die Blume wartete.

»Hier hast du meine Blumen«, sagte er, »das Kind muß leben.«

Ohne eine einzige Blume pochte er an das Tor und verlangte, zur Prinzessin geführt zu werden. Zuerst wollte man den mageren Handwerksburschen gar nicht vorlassen, aber ein eigenartiger Duft ging von ihm aus, daß sich ihm alle Türen öffneten.

»Ich bringe euch die Blume der Liebe«, sagte er schüchtern. »Wo ist sie?« rief der Hofstaat. »Ich trage sie in meinem Herzen.« – »Das haben schon viele vor dir gesagt«, rief der Hofstaat. Und dann begann der Handwerksbursche seine Geschichte zu erzählen ...

Die Kapuzinerkresse

heißt auch »Blume der Liebe« oder »Blutrote Blume aus Peru« – wegen ihrer Farbe und ihrer Fähigkeit, an heißen Sommerabenden kleine, feurige Funken auszusenden.

Ihre Heimat ist Peru, aber vor langer Zeit wanderten einige dieser Pflanzen von dort aus, und so lebt sie jetzt auch bei uns. Sie klettert gern an Zäunen hoch oder wächst an Gartenwegen. Sie ist eine Sommerschönheit, die viel Wärme (und Liebe) braucht.

Verwendet werden die Blätter, Blüten, Knospen und Samenkapseln. Blüte von Mai bis in den Herbst, ernten kann man während des ganzen Sommers.

Sie besitzt das für alle Kressearten typische scharfe Aroma. Leicht pfeffrig. Sehr saftig.

Die Blätter sind eine kühlende Wundauflage (falls du dir mal im Dschungel von Peru die Knie aufschlägst). Frische Blätter ißt man als blutreinigenden Salat (hm!). Die Kapuzinerkresse ist reich an Vitamin C und Eisen und wirkt kräftigend.

Lavendel

Der König eines sehr nahen Landes hatte die sehr unkönigliche Eigenschaft, bei allen nur erdenklichen Gelegenheiten in Ohnmacht zu fallen und ohne Sprache dazuliegen. Würde dies einem Handwerksburschen, einer feinen, alten Dame oder einem jungen Mädchen nach dem ersten Kuß zustoßen, keiner hätte sich jemals die Mühe gemacht, darüber auch nur ein Wörtchen zu schreiben.

Aber Ohnmacht ist nicht Ohnmacht, und so bekommt der König sein Märchen ...

Es war natürlich äußerst peinlich, wenn ein großer, starker Mann mit einem spitzen Aufschrei aus den Hermelinsocken kippt, die Krone vom Kopf rutscht, das Zepter über den Marmor kollert – und nur, weil er von einem Kammerjungmann erfahren hat, daß die Hofkatze soeben sieben Junge geworfen hat.

Klar war es seltsam mitanzusehen, wenn der Herrscher eines nicht gerade kleinen Reiches in ein »Huch«-Gestöhne ausbricht, wenn ihm – zugegeben unanständige – Wörter wie »Teufelskerl« oder »Popo« zu Ohren kamen.

Und es war selbst für zarte, königliche Nerven schwer einzusehen, warum man beim Anblick einer duftenden Markschöberlsuppe vor Entzücken ohnmächtig vom Thron rutschen mußte.

War dieser unangenehme Zustand eingetreten, brachte man den König in sein Schlafgemach, entkleidete ihn, und nackt, wie Gott auch ihn geschaffen hatte, mußte er in einen Bottich mit lauwarmem Wasser gelegt werden. Für gewöhnlich erwachte er nach kurzer Zeit wieder, stieg aus der Wanne, kleidete sich an und kehrte in den Thronsaal zurück, als wäre nichts geschehen.

Am »Tag der offenen Palasttür«, als das Volk zu seinem Regenten strömte, ihn hochleben zu las-

sen, kam es zu einem sonderbaren Zwischenfall:
Beim Anblick eines etwas salopp gekleideten
Mannes, vielleicht ein Landstreicher, vielleicht
war's auch ein Hippie, fiel der König, fast erwar-
tungsgemäß, in Ohnmacht. Unglücklicherweise
stand gerade die Königin hinter ihm, so daß sie
vom daniedersinkenden Gemahl mitgerissen
wurde, und ein ziemliches Durcheinander ent-
stand. Dem Landstreicher war die Situation
äußerst peinlich, und er war so verwirrt, daß er
das Falscheste tat, was er nur tun konnte: Er
stürzte auf das königliche Paar zu, das friedlich
am Boden lag, um zu helfen. Der versammelte
Hofstaat war von dieser Unmöglichkeit so erstarrt, daß zunächst einmal gar nichts passierte.
Aber plötzlich erwachte der König, völlig uner-
wartet, schnellte hoch, und da der Landstreicher
ja noch über seinen Herrscher gebeugt stand,
lagen sich die beiden nun in den Armen. Dar-
aufhin fiel die Königin (übrigens zum erstenmal)
in Ohnmacht.
Schreien, Kreischen, »Wache«-Rufe – und ehe er
es sich versah, war der Mann festgenommen
und wurde fortgezerrt.

»Was ist denn passiert?« fragte der König. »Wo ist
meine Badewanne, warum bin ich nicht nackt –
oh!« Da erst bemerkte Durchlaucht das Volk, das

ihn unverschämt fassungslos anstarrte. »Plötzlich fuhr mir etwas in die Nase, das mich erwachen ließ«, murmelte der König. »Bringt mir diesen Burschen«, befahl er und beendete mit einem Zepterschwung den »Tag der offenen Palasttür«. »Sprich, welches Zaubermittel hast du verwendet, um mich zu erwecken?« fragte der König.

»Ich, äh, weiß nicht ...«, stotterte der gute Mann, von dem wirklich ein eigenartig starker, aber angenehmer Geruch ausging. »Was steckt da in deinem – äh – Anzug?« Und der König zog mit zwei Pinzettenfingern ein Stengelchen mit zarten, grünen Blättern aus dem Knopfloch des ehemaligen Anzuges und roch daran. »Das ist es!« jubelte der König und fiel, natürlich vor Freude, in Ohnmacht. Aber da sich das Kräutlein noch in Nasennähe befand, erwachte er sofort wieder. »Mann, wie heißt dieses Wunderkraut?« schrie der Regent. »Keine Ahnung«, zuckte der Bettler mit den Schultern. »Ich bekam es von einer Frau, in deren Kammer ich übernachtete. Als sie meine Freunde im Hemd sah, gab sie es mir.« »Welche Freunde?« riefen die Hofdamen im Chor. »Na – Flöhe, Läuse, Wanzen natürlich!« Dem König schoß durch den Kopf, vor wenigen Minuten ja noch in den Armen des Mannes gelegen zu haben und ... ja ihr habt es erraten!

»Und was geschah dann?« rief der König nach dem schnellen Erwachen.

»Ein Wunder, mein König: Die Tierchen flüchteten, als wäre der Beelzebub hinter ihnen her!«

»Ein wunderbares Kraut – geht und holt mir die Frau, von der er es hat.«

Die Bauersfrau war recht verwundert über die Privataudienz beim König. »Wie ist der Name dieses Krautes, das nicht nur Ungeziefer, sondern auch meine – äh – Ohnmachten vertreibt?«

»Durchlaucht«, begann sie, »es dürfte zwei Monate her sein. Ich arbeitete auf dem Feld und war so erschöpft, daß ich mich hinlegen mußte. Plötzlich erschien zwischen den Bäumen ein altes Weibl, es war sehr alt und klein, aber, stellt euch vor, König, dieses Weibl hob mich hoch, als wäre ich ein Federchen, und trug mich durch den Wald zu einer Hütte. Dort erst sprach sie zu mir: Für dich geschundene Seele habe ich etwas. Sie führte mich in einen engen Raum, in dem ein altes Faß stand. Sie kochte Wasser, befahl mir, mich auszuziehen und in das Bad zu steigen. Nach wenigen Minuten warf sie so ein Zweiglein, wie ihr jetzt in Euren Händen haltet, in das Wasser. Und was sage ich Euch – nach einer Stunde Bad fühlte ich mich wie neugeboren und frisch und kräftig! Na, und wie dieser Vagabund bei mir auftauchte, hatte ich Mitleid mit

ihm und steckte ihn ins Bad. Da wurde er frisch,
ja sehr frisch! Hat er was ausgefressen?«

Ein paar Beamte wurden mit dem Befehl losge-
schickt, sofort das alte Weibl herbeizuschaffen.
Nur sehr unwillig kam die Alte auf das Schloß.
»Ja?« fauchte sie den König an. »Sie wünschen?«
In ihrem Alter brauchte man vor nichts und nie-
mandem zu kuschen ...
»Verzeiht, daß ich Eure Ruhe gestört habe«, sagte der König sehr lieb, »aber ich habe von einem
Kraut gehört, das Ihr dieser Bauersfrau fürs Bad
gegeben habt. Wie heißt es, woher kommt es?«
– »Ach, dieses Kräutl. König, wißt Ihr – wir Kräuterweibl und Druiden und Aitze treffen uns von
Zeit zu Zeit, um Erfahrungen auszutauschen und
ein bißchen zu tratschen. Manchmal wird es
draußen im Wald einsam. Na ja, und jeder erzählt
von seinen Rezepten und besonderen Kräutern.
Ich war gerade dabei, eine herrliche Flugsalbe zu-
sammenzubrauen, als meine Hände wieder so
zu zittern begannen und ich alles verschüttete
und nochmals von vorn beginnen mußte –
Potzblitz, war ich wütend! Also ich schimpfe und
fluche, als eine junge Frau zu mir kommt und
mir ein Fläschchen Öl zusteckt und sagt, davon
solle ich täglich zehn Tropfen nehmen, dann
würden sich meine Hände wieder beruhigen.

Dazu gab sie mir auch ein paar Büschel des Krautes, das Ihr jetzt in Euren Händen haltet.«
»Und sie sagte dir nicht, wie es heißt?«
»Nein, als ich sie fragte, woher sie es habe, sagte sie nur: von den blauen Wiesen.«
»Blaue Wiesen. Und wo soll das sein?«
»Sie sagte: in den Bergen, nahe beim Meer.«
Der König konnte eine Ohnmacht vor Ungeduld und Spannung mit letzter Mühe unterdrücken.
Noch in derselben Stunde brachen die besten Reiter auf in das Land, wo Berge und Meer sich so nahe sind, in das Land des geheimnisvollen Krautes.

Die Reiter ritten bei Tag, sie ritten bei Nacht, einen ganzen Monat lang. »Dort ist das Meer!« riefen sie eines Tages. Aber als sie näher kamen, bemerkten sie: Es war nicht das Meer, das vor ihnen blau schimmerte, sondern eine ... blaue Wiese! Und als sie von den Pferden stiegen und sich niederknieten, sahen sie das Kraut mit den zarten, grünen Blättern und den tiefblauen Blüten. Es roch so stark, als müsse es gegen alle Ohnmachten und alle Flöhe und alle Schwächeanfälle dieser Welt zum Kampf antreten.
So kam der Lavendel in das Königreich, das so nahe bei uns liegt ...

Der Lavendel

wurde wegen seines starken Aromas vor allem zu Waschungen verwendet – daher auch sein Name: lavare = waschen. Früher fielen die Damen (und nicht nur die Damen, wie du jetzt weißt) viel schneller in Ohnmacht als heute – dann hielt man ihnen Lavendel unter die Nase. Und nebenbei vertreibt er auch noch Läuse und anderes Ungeziefer (wie Motten).

Der Lavendel wächst im Gebirge, an trockenen, sonnigen Hängen rund um das Mittelmeer.

Verwendet werden die Blüten, die man im Juli sammelt. Je sonniger der Standplatz, um so mehr ätherisches Duftöl entsteht.

Der Lavendel schmeckt bitter – lieber nicht kosten, sondern nur riechen.

Lavendel ist ein Riechkraut: Sein Duft wirkt aufmunternd. Es ist allgemein beruhigend und nervenstärkend. Besonders angenehm ist ein warmes Lavendelbad!

Löwenzahn

Als der Alraun aus den Tiefen der Erde auf-
tauchte und in den Tag köpfelte, hielt für
einen Augenblick, einen kurzen Augenblick, alles,
die ganze Welt, den Atem an.
Ja, vielleicht wusch Ratwani weiterhin ihre
Wäsche im Ganges, putzte Mister Upworth wei-
terhin die Fenster des Trump Tower in der 5th
Avenue, saß Herr Haiden weiterhin auf seinem
Traktor und pflügte durchs Schwarzautal.
Und doch – für den Alraun stand für einen

Augenblick, einen kurzen Augenblick, alles, die ganze Welt, still. Er war direkt neben einem Geschöpf aufgetaucht, das er noch nie zuvor gesehen, nein, vielleicht noch nie zuvor bemerkt hatte.

Er starrte es an, und in diesem kurzen Moment des Alles-herum-Schweigens wußte er, daß er dieses Wesen liebte – was immer das auch sein mochte! Und er wußte, daß seine vielen Kilometer Erdgänge, sein ganzes Wühlen und Graben nur dazu bestimmt waren, am richtigen Tag, zum richtigen Sonnenstand, hier, zwei Fußbreit neben ›ihm‹ aufzutauchen. Oh, kennt ihr sie, diese Stillstehmomente, die sich von aller Zeit loslösen und dadurch unendlich erscheinen? Sie bringen die Vergangenheit und die Zukunft – ja, die ganze Zukunft!

»Äh, ich – bist du neu hier?« stammelte der Alraun, der noch bis zum Hals in der Erde steckte. »Nein«, antwortete das himmlische Geschöpf bestimmt, »bin schon 'ne ganze Weile hier.«

»Ja, ja, ich tauche selten hier auf«, sagte der Alraun, kletterte aus dem Erdloch und setzte sich neben die göttliche Erscheinung. »Wenn ich mal nach oben tauche, dann meist dort drüben, weißt du, ganz weit drüben«, und er zeigte mit seiner erdigen Pfote weit hinter den Horizont.

»Sooo weit?« Das Geschöpf war sehr beeindruckt. »Du kommst wohl viel herum in der Welt?«

»Weißt du, ein Alraun kennt die Welt. Siehst du den Zaun dort drüben?« – Nein, den sah es nicht. »Nun, so groß ist die Welt. War schon 'n paarmal dort.« Der Alraun hatte sich nun wieder ganz fest in den Pfoten. Und er wußte es nun ganz bestimmt: Dieses Wesen liebte er. Sehr innig und irrsinnig fest, was immer das auch war. Er beschloß, bei ihm zu bleiben bis an das Ende seiner Tage – na ja, oder ein paar Tage weniger ...

»Wie heißt du denn?« fragte der Alraun zaghaft und zog mit schmachtenden Blicken einen engen Kreis um das Wesen.

»Pusteblume«, sagte die Pflanze.

»P-u-s-t-e-b-l-u-m-e!« Was für ein Name! Ihm schwanden fast die Sinne. Wie stolz sie dastand. Der feste und doch zarte Stengelkörper und erst der Kopf. Dieser Kopf! Er ahnte, er spürte es: Dieser Kopf mußte Ebenbild der ganzen Erde sein – obwohl er gar nicht wissen konnte, daß das, worauf er lebte, eine Kugel war. »Pusteblume«, wiederholte er noch einmal, und irgendwo im Hintergrund pfiff ein einsamer Vogel Pink Floyds »Wish you were here«...

So begann die Liebe zwischen dem Alraun und der Pusteblume.

Der Alraun, Teil der Erde, wühlte und grub und dachte, der Zaun sei das Ende der Welt. Und die Pusteblume, Kind des Himmels, die der Sonne entgegenstrebte, jedoch von den Wurzeln in der Erde festgehalten wurde – sie wäre so gern frei gewesen, wäre so gern geflogen.

»Ach, fliegen«, sagte der Alraun, »das ist nichts für dich, Pusteblume. Da begibst du dich in die Hände des Windes, das ist gefährlich, glaub mir. Und was gibt es schon zu sehen in der Welt. Schau dich um – das ist die Welt! Und was ein bißchen weiter weg ist – davon erzähle ich dir ja.«

Und der Alraun erzählte seiner Geliebten von Bäumen, die den Himmel festhalten. Von Bächen, die die Erde teilen, und von Blumen, die Kleider tragen, die aus feinsten Sonnenstrahlen gesponnen sind.

»Das muß wunderschön sein«, träumte Pusteblume. »Ein Kleid wie die Sonne zu tragen.« Sie dachte an ihren schmucklosen Körper, an ihre graue Federkugel.

»Ich liebe dich, wie du bist«, sagte der Alraun.

Ja, sie liebten einander – der Alraun und die Pusteblume.

Dann kam der Tag, die Stunde, dieser Augenblick, an dem wieder alles, die ganze Welt, den Atem anhielt. Der Augenblick, in dem Wung-Tei in das chinesische Meer sprang, um nach Perlen zu tauchen, Oma Ginetta an einem dicken Schal für ihre Enkelin in Mailand strickte und Josi in Jerusalem Märchen erzählte.

In diesem Augenblick sagte Pusteblume: »Alraun. Ich hatte einen Traum. Ich träumte, ich würde mich in viele Teile auflösen und davonschweben. Und ich träumte, ich würde zurückkommen zu dir. Hab also keine Angst, Alraun, und höre: Hole tief Atem, so tief du nur kannst, und dann puste mich in die Welt!«

»Ich habe nicht ganz verstanden, was sagtest du?«

»Alraun, wenn du mich liebst, mußt du es tun. Du kannst mir die Freiheit und neues Leben schenken!«

»Bist du verrückt geworden?!« schrie der Alraun aufgeregt. »Wie kommst du plötzlich auf solchen Unsinn. Wir lieben uns, wir wollen doch zusammenbleiben. Ich werde dich doch nicht zerstören!«

»Alraun, ich muß jetzt gehen.«

»Wie kannst du so etwas sagen, liebst du mich nicht mehr?«

»Alraun, ich hatte diesen Traum. Und nun weiß ich, daß ich für dich mehr sein kann, als nur eine schöne Blume, die festverankert in der Erde steht.«

»Ich will dich nicht verlieren«, sagte der Alraun leise. »Du gehörst mir.«

»Ich gehöre dir, so wie dir die ganze Welt gehört.
Und jetzt – puste, Alraun, puste! Dein Atem
schenkt mir die Freiheit.«

Der Alraun spürte wieder diesen kurzen Moment des Alles-herum-Schweigens, der durch
seine Unendlichkeit alles Zeitgefühl verschwin-
den und die Vergangenheit und die Zukunft erscheinen läßt. Und wieder hatte er die Zeit und
die ganze Welt in seinen Händen – nur war es
diesmal anders. Ganz anders. Damals fühlte er
sich groß und stark – jetzt klein und schwach. So
schwach.

»Puste«, hörte er es wie aus weiter Ferne rufen,
»du liebst mich, also tu es!«

Plötzlich hörte er sich tief Atem holen, es war, als
würde er die ganze Welt, die doch bis zum Zaun
reichte, in sich hineinholen, alles Glück, alles Unglück in den dunklen Kammern seiner Lunge
verbergen wollen. Einen Augenblick war die
Welt, die große Welt in ihm, und dann, es kam
ihm vor, als passierte es irgendwo, und er sah
diesem Schauspiel nur zu, öffnete sich sein
Mund und die ganze Welt, alles Glück, alles Unglück kam wie ein Orkan aus ihm heraus und
traf seine Pusteblume. Und durch den Schleier
seiner Tränen sah er, wie seine Pusteblume sich
auflöste, und unendlich viele Haarkronen, wie
Fallschirmflieger, wirbelten durch die Luft und

bestiegen einen Windzug, der sie sofort mit sich nahm.

Als der Alraun wieder zu sich kam, stand vor ihm ein hohler, leerer Stengel, ohne Leben, tot, noch ein bißchen bewegt vom Wind. Er konnte es einfach nicht fassen – es war sein Atem gewesen, der die geliebte Pusteblume fortgetrieben hatte, wer weiß wohin, wer weiß wohin. Er warf sich auf die Erde, diese verdammte Erde, die noch ihre Wurzeln festhielt, und goß die Erde mit seinen Tränen, als wollte er dadurch seine Blume wieder zum Wachsen bringen.

Viele Stunden später köpfelte er in die Tiefen der Erde und tauchte in die Nacht.

Der Winter machte sich über das Land her. Nichts gibt's zu erzählen darüber – es war wie immer. Der Alraun kannte den Winter nicht – er hielt Winterschlaf.

Es war schon April geworden, und noch keiner hatte den Alraun gesehen. Da gingen die Freunde in seine Höhle, Nachschau halten, und fanden ihn. Nicht tot, aber fast. Zu müde zum Aufstehen. Zu müde zum Festhalten von Augenblicken. Zu müde zum Leben.

»Alraun, das Leben geht weiter«, sagte der Boskabauter, »auch ohne Pusteblume. Komm, alles ist bereit für ein neues Jahr, für neues Leben. Der Frühling hat seine Koffer schon ausgepackt. Wir warten auf dich, Alraun, alles wartet auf dich!« Mühsam stand der Alraun auf und folgte dem Boskabauter zum Licht, in den Frühling. »Nicht hier entlang«, lächelte der Boskabauter und hielt den Alraun zurück – es war der Weg auf die Wiese, wo seine Pusteblume gestanden hatte.

»Ich bringe dich zum Zaun, dahinter ist eine große Wiese, wo das wächst, was du jetzt dringend brauchst!«

Als die beiden auftauchten und in den Tag köpfelten, standen sie ganz dicht am Zaun.

»So nahe war ich dem Ende der Welt noch nie«, sagte der Alraun und wollte schon umkehren. Der Boskabauter jedoch nahm ihn fest an der Hand und führte ihn zu einem kleinen Durchschlupf.

»Schau hindurch!« lachte der Boskabauter.

»Ist dort die Hölle?« fragte der Alraun.

»Vielleicht. Vielleicht aber auch der Himmel!« Vorsichtig spähte der Alraun durch das Loch und sah vor sich eine weite Wiese.

»Was ... was ist denn das?!«

»Eine ganz normale Wiese«, erklärte der Boskabauter. »Eine Frühlingswiese mit Löwenzahn. Und dieses Kraut brauchst du dringend, um wieder wach zu werden, Komm!«

Und die beiden liefen los, und der Alraun wußte nicht warum, aber der Anblick dieser tiefgelben Blumen machte ihn mit einemmal munter und glücklich. Bei dem ersten Löwenzahn, auf den sie trafen, blieb der Alraun stehen und betrachtete ihn von allen Seiten.

»Wie schön du bist«, sagte er. »Löwenzahn. Das paßt zu dir, ja das paßt!«

»Ja, Alraun«, sagte der Löwenzahn. Und plötzlich, nur für einen Augenblick, einen sehr langen Augenblick, hielt alles, die ganze Welt, den Atem an.

Vielleicht schlachtete Suami in Bali gerade ein Huhn, vielleicht gewann Mister Webber im Casino von Sydney gerade eine Million Dollar, vielleicht küßte Meno im Iglu gerade seine Ase, aber vielleicht hielten sie alle, hielt die ganze Welt für einen ganz kurzen Augenblick inne, ohne zu wissen warum, als mitten in dieses Alles-herum-Schweigen der Löwenzahn sagte: »Ja, Alraun, ich bin's!«

Der Löwenzahn

Jeder kennt ihn, doch wenige wissen um seine wunderbaren Kräfte. Eine Kräuterkundige meinte: »Der Löwenzahn ist zu bedauern, daß im Frühjahr so wenig Gebrauch von ihm gemacht wird.«

Beim Großreinemachen des Körpers im Frühjahr sollte er nicht fehlen – seine Namen zeugen davon: Augenmilch, Milchdistel, Pusteblume, Bettpisser, Sonnenwirbel.

Der Löwenzahn wächst überall, wo jemals einer seiner Fallschirmfliegersamen hingeflogen ist.

Im März/April sollte man, knapp vor der Blüte, die Blätter sammeln. Aber auch die Wurzeln finden in der Heilmedizin Verwendung.

Ob man einen sehr wirkstoffreichen Löwenzahn vor sich hat, erkennt man daran, daß seine Blätter tief gezähnt sind. Außerdem liebt er intensives Licht.

Übrigens: Vorsicht – der milchige Saft in den Stengeln ist schwach giftig!

Der Löwenzahn, diese unscheinbare Wiesenblume, enthält Vitamine (besonders Vitamin C), Mineralstoffe und Spurenelemente. Er regt den Stoffwechsel an, eignet sich für eine Blutreinigungskur und hat eine stärkende Wirkung. Ein Löwenzahnsalat mit den ersten Blättern ist eine Delikatesse, ebenso Blütenknospen-Löwenzahnhonig.

Melisse

Der Klosterbruder Anastasius war der Gärtner des alten Karmeliterklosters vor den Toren der Stadt. Er war ein Mann mittleren Alters, natürlich etwas beleibt, wie es sich für einen seines Standes gehört, aber sehr flink und unermüdlich in seiner Arbeit. Sein Garten war das Prunkstück des Klosters, alle nur erdenklichen Blumen und Kräuter wuchsen und wucherten, und man sagte, Anastasius habe eine »grüne« Hand, was er anfasse, wachse unaufhaltsam ...

Natürlich beschäftigte er sich auch mit allen möglichen Zaubereien. Tagelang schloß er sich in sein Zimmer ein, und dann hörte man es drinnen brodeln und köcheln, zischen und pfeifen, und es zogen solche Duftschwaden um seine Kammer, daß man sich fragte, ob er bei diesen Gerüchen überhaupt noch am Leben sein könne.

Die meisten Kräuterkundigen werden – sind sie einmal von dieser Leidenschaft gepackt – süchtig nach neuen Pflanzen, neuen Rezepten, neuen Geheimnissen. Dem Bruder Anastasius ging es nicht anders. Er reiste viel und gern in der ganzen Welt umher, von einem Klostergarten zum anderen, von einem Kräuterweibl zum nächsten, und immer kehrte er vollbepackt mit Samen, Trieben oder ganzen Pflanzen in das Kloster zurück.

Einmal war er gar bis nach Griechenland unterwegs gewesen, das südliche Klima ließ ja ganz andere Kräuter wachsen. Zwei Esel schleppten die duftenden Schätze, ein Esel trug Wasserflaschen, um die Pflänzlein am Leben zu erhalten, und ein Esel mühte sich mit dem dicken Anastasius ab – so zog die seltsame Karawane gegen die Heimat.

Knapp vor dem Ziel, sie durchquerten gerade einen dunklen, aber herrlichen Wald, gerade noch ein fröhliches Lied (natürlich von Kräutern) auf den

Lippen, sprengte plötzlich eine Räuberbande heran und stoppte den frommen Bruder.
»Na, Pfaffe, warst wohl wieder abkassieren im
Land, damit ihr Fettwänste euch den Bauch und
das Hirn vollschlagen könnt?«
»Gesegnet seist du, Bruder«, erwiderte Anastasius
sehr gelassen, denn er wußte, in seinem Gepäck
war nichts zu holen für die Räuber, »gesegnet
seist du!« – »Ich weiß nicht, von welchem Regen
du sprichst, Schwester, ist mir auch gleich, aber
halt's Maul, und rück das Gold heraus!« – »Bruder, alles, was ich besitze, sind diese Pflanzen und
Wasser – für mich, da hast du recht, ist es wie
Gold, ja, ja.«
Der Räuberhauptmann wurde ungeduldig und
ärgerlich, weil sich der Gottesmann durch sein
wüstes Gerede und wildes Aussehen weder beeindrucken noch einschüchtern ließ. »Du willst
wohl deinem Gott sehr nah sein, das kannst du
haben!« – »Erstens«, sagte Anastasius, »bin ich
ihm sehr nahe, und zweitens ist es auch dein
Gott, vergiß das nicht, Bruder. Und jetzt scher
dich zum Teufel oder sonstwohin, sonst ver-
trocknen mir noch meine Kräuter!«
Ein besonders häßlicher Räuber trat aus der
Gruppe: »Bitte, darf ich ihm die Kehle durch-
schneiden, bitte, bitte!« – »Ruhe!« herrschte ihn
der Hauptmann an. Doch bevor er weiterspre-

chen konnte, sagte Anastasius: »Danke, daß ihr mich vor diesem Widerling beschützt habt, dafür gebe ich euch etwas, das ist wertvoller als Gold!«

»Wertvoller als Gold?!« echote es aus fünfundzwanzig rauhen Kehlen.

»Jawohl«, sagte Anastasius. Er stieg vom Esel, kramte in seinen Packtaschen und holte ein großes Bündel Kräuter hervor.

»Höre, Hauptmann, dies ist ein Kraut, das ich über viele tausend Kilometer aus dem fernen Griechenland geholt habe. In unseren Breiten kennt man es nicht. Noch nicht. Du bist der erste außer mir, der es zu Gesicht bekommt. Es heißt Melisse und ist ein Zauberkraut. Wenn du regelmäßig vor dem Schlafengehen einige Tassen trinkst, dann ...« Er winkte den Räuber geheimnisvoll näher und flüsterte ihm ins Ohr: »...dann zaubert dieses hervorragende Mittelchen alle geheimen Wünsche in deinen Kopf und stärkt das Herz und deine Kraft so sehr, daß es dir ein leichtes sein wird, deine Träume in die Tat umzusetzen. Aber ich rate dir, hüte es vor deinen Kumpanen, bewahre es gut, und lege es immer neben dich auf das Kopfpolster.«

»Äh – du meinst wirklich?« stammelte der einfältige Hauptmann, starrte auf die unschuldige Melisse und riß sie an sich: »Jeden Abend? Sieben Tassen? Aufbrühen oder kochen?«

»Oh – du kennst dich aus! Aufbrühen, mein Bruder, aufbrühen. Und jetzt verzeih, ich muß weiter!«
»Und was ist mit dem Kopfabschneiden?« fragte der besonders häßliche Räuber.
»Einem Huhn, heute abend«, lachte Anastasius.
»Mahlzeit und Grüß Gott!«

Als Anastasius ins Kloster kam, nach vielen Monaten Abwesenheit, gab es natürlich viel zu erzählen. Von Griechenland, fremden Klöstern, der Reise und, ach ja, natürlich, von dem netten Zusammentreffen mit der Räuberbande.
Es wurde viel gelacht am Klostertisch, und es floß viel Wein, und es wurden viele Hallelujas gesungen an diesem Abend.
Am nächsten Morgen war Anastasius schon sehr früh auf und rannte aufgeregt durch den Klostergarten. »Bevor ich mich um euch kümmere, meine Goldschätze, muß ich noch eine kleine Rechnung begleichen – Herr, du verzeihst mir«, und er erteilte seinen Pflanzen einen knappen Segen. Der Mönch lief in den hintersten Teil des Gartens, wo seine Bienenstöcke standen.
»Ihr lieben Bienchen, Bruder Stasi hat euch etwas Feines mitgebracht«, frohlockte er und wedelte mit einem Büschel Melisse herum.
Er legte es auf einen Holzstock und wirklich –

keine Minute später saßen unzählige Bienen auf dem Stock und surrten und summten, daß es einem angst und bange werden konnte. »Ja, die Griechen, die sind nicht dumm – Melissa – Honigblume oder Bienenkraut!« Dann lockte er die Bienen wieder in ihr Haus, nahm die Melisse und verschwand. Dieses Spiel wiederholte er in den nächsten Tagen, bis die Bienen regelrecht süchtig nach dem neuen Kraut geworden waren.

Am darauffolgenden Montagmorgen, knapp nach Tagesanbruch, huschte Anastasius durch das Kloster, lief in den Garten zu den Bienen und holte die lieben Tierchen mit seinem Imkerhandschuh aus dem Korb. Dann bestieg er samt Bienen einen Esel und galoppierte in Richtung Wald. »Diese Räubergesellen schlafen sicher noch tief und fest – treiben es an den Sonntagen ja immer besonders arg.«

Als er im Wald angekommen war, schüttelte er die Bienen vom Handschuh und rief: »So, ihr Süßen, nun sucht das Kräutlein, das euch so schmeckt. Irgendwo hier hat es euer Papi für euch versteckt!«

Und wirklich: Die Bienen, berühmt für ihren Spürsinn im Auffinden von besonderen Düften, hatten bald den starken, zitronenartigen Geruch der Melisse in ihrer Nase.

Währenddessen schlief und schnarchte der Räuberhauptmann in seinem Bett. Er war sehr zufrieden mit dem Kraut, das neben ihm auf dem Kissen lag. Er fühlte sich seit den ersten Tassen Tee wahrhaftig besser, kräftiger, er hatte kaum noch Blähungen, und die Pickel im Gesicht waren auch verschwunden (obwohl ihn dieser Makel nicht berührte). Besonders aber erfreuten ihn seine Träume! Die waren wirklich kolossal geworden: Gold, aufgeschlitzte Pfaffenbäuche, Frauen, viele Frauen, Spanferkel und Schilcherwein.

Eben träumte er gerade wieder von einer wunderschönen und besonders zärtlichen Dame. Zarte Fingerkuppen liebkosten sein Gesicht, spazierten über die Augen, krochen vorsichtig in die Ohren, in die Nase, und hätte er den Mund aufgemacht, wären die frechen, kleinen, schwirrenden Fingerchen auch dort hinein verschwunden. Sie kitzelten ihn am Hals, ja liefen schon über seine Brust. Unglaublich, dachte er im Traum, es kommt mir vor, als hätte dieses tolle Weib hundert Finger! Die Finger wurden immer wilder und die Dame scheinbar auch, denn sie begann urplötzlich zu singen. Ein sehr hohes Lied. Das laß mal lieber, dachte der Räuberhauptmann, aber sie ließ sich nicht davon abbringen. Ihr Lied wurde jetzt sogar so laut, daß der Räuber schon ein bißchen ärgerlich wurde über die Dame und seinen Traum. »Finger ja, singen nein«, schrie er im Schlaf laut auf. Da zwickte es ihn gewaltig in den Arm. »Nein, du, nicht kneifen«, rief er lachend und schlug, noch immer schlafend, mit der Hand dorthin, wo die frechen Finger gezwickt hatten. Und mit diesem Schlag brach die Hölle los! Der Räuberhauptmann wurde so jäh aus seinem Schlaf gerissen, daß er gleich aus dem Bett fiel, über und über besetzt mit den Bienen des frommen Bruders Anastasius.

Übrigens: Bienenstiche mit Melissenblättern einreiben, das schafft schnell Erleichterung. Der Räuberhauptmann kann dies bestätigen ...

Die Melisse

Ihr Name ist griechisch (Melissa) und bedeutet Honigblume. Sie lockt nicht nur Bienen, sondern auch schöne
Träume an – das dachten wahrscheinlich auch Karme-
litermönche im sechzehnten Jahrhundert, als sie begannen, »Karmelitergeist« zu destillieren.

Es kommt bei einem Kraut nicht oft vor, daß sich Ärz-
te, Kräuterhexen und Feinschmecker über den Wert einer Pflanze so einig sind wie bei der Melisse.

Sie kommt ursprünglich aus dem Mittelmeerraum und
aus dem Orient. Heute ist sie auch bei uns sehr verbreitet und liebt sonnige Plätze.

Die Blüte ist im Juli/August, und knapp davor sollte
man sie ernten. Verwendet werden die frischen oder getrockneten Blätter. Beliebt auch ein Alkoholauszug.

Die Melisse schmeckt ein wenig nach Zitrone und ein
bißchen nach Pfefferminze.

»Melisse ist von allen Dingen, die die Erde hervorbringt,
das vortrefflichste Kraut für das Herz!« – ja, ja. Es beruhigt, kräftigt, fördert die Verdauung und lindert die
Schmerzen von Bienenstichen.

Pfefferminze

Eine seltsame Geschichte war das: Stellt euch vor, ihr sitzt gemütlich bei einer Tasse Pfefferminztee. Hm, Pfefferminztee – eine Köstlichkeit, und ihr denkt an nichts anderes als an Wiesen und Kräuter und Duft und kitschige Farben. Ja, genauso war es auch an jenem Sonnentag gewesen.

Ich hatte mir aus dem Garten Pfefferminze geholt – aufbrühen, zehn Minuten ziehen lassen –, den herrlich duftenden Tee in meine Lieblings-

tasse geleert und mich gemütlich vor den Kamin
gesetzt. Ich ziehe zuerst immer den Duft ganz
tief ein, so richtig tief hinein, erst dann lasse ich
die Lippen vorsichtig an den Tassenrand heran.
So war es auch an jenem Sonnentag gewesen.
Aber plötzlich stieg aus dem Pfefferminznebel
eine Geschichte hoch, so wie damals Aladin aus
der Wunderlampe hochgestiegen war ...
Die Geschichte war blitzschnell da und war blitzschnell wieder verschwunden. Seltsam, da ich sie
jetzt aufschreibe, erscheint sie mir viel länger.
Aber hört: Ich rieche. Und da kommt die Geschichte. Während ich die Tasse halte und mir
Wiesen und Kräuter und kitschige Farben rein-
ziehe, klopft es an der Tür. He, wer stört mich
grad' jetzt, denke ich mir, und öffne. Draußen
steht ein Mann, sieht aus, als wäre er in Eile.
»Verzeiht, aber ich ... ich brauche Hilfe.«
Nun gut. Ich kenne ihn nicht, laß ihn ein und
frage, womit ich helfen könne. »Wollen Sie es
wirklich wissen?« flüstert er hinter vorgehaltener
Hand.
»Klar, raus damit.« Er nimmt die Hand vom Gesicht und haucht mich an. Mein Gott, denk ich
mir zuerst, dann, wie ... nun wie am Klo und zu-
letzt noch, der Arme. »Sehen Sie«, klagt der
Mann, »so geht es mir immer. So denken alle. Ich
flehe Sie an, helfen Sie mir!« – »Gern, aber wie?«

sage ich. Da steigt mir der Pfefferminztee in die Nase, und der Duft kriecht bis ins Hirn, und mit einem Mal weiß ich etwas und höre es mich sagen: »Warten Sie, ich kann Ihnen helfen!« Ich gehe zum Herd, koche einen Liter halb Wein, halb Wasser und werfe fünf frische Minzenblätter hinein. »Davon trinken Sie täglich eine Tasse – es wird helfen!« Der Mann dankt mir und will schon gehen, da dreht er sich noch einmal um und holt aus seiner Tasche eine Glaskugel. »Es ist nur eine Glaskugel, mehr habe ich nicht, aber sie soll Ihnen gehören. Wenn Ihr Rezept hilft, komme ich wieder und bringe Ihnen mehr.« Schön, denk ich mir, bei einer gemütlichen Tasse Tee jemandem geholfen zu haben.

Keine Stunde vergeht, klopft es wieder.

Oho, das hat aber schnell gewirkt, denk ich mir, aber es ist ein anderer. Stürmt gleich herein und redet auf mich ein: »Hallo, also ich sage Ihnen, mir geht es so schlecht. Ich habe Bauchgrimmen, Blähungen, Krämpfe hier und Druckgefühl da, Erbrechen und Durchfall, kurz mit einem Wort – rülps – verzeih' – mir geht's sauschlecht!« Ich laufe schnell hinaus vor die Tür, um zu sehen, ob irgendein Witzbold ein Schild ARZT oder KRANKENHAUS an die Mauer genagelt hat, aber nichts.

»Ich bedauere Sie«, sage ich und denk mir: Nun

ein bißchen übertreibt er wohl, so schlecht sieht
er nicht aus.

»Bedauern ist zuwenig, ich flehe Sie an, helfen Sie
mir!«

Da steigt mir der Pfefferminztee in die Nase, und
der Duft kriecht bis ins Hirn, und mit einem Mal
weiß ich etwas und höre es mich sagen: »Mann,
Ihnen kann geholfen werden, ganz einfach –
trinken Sie diesen Tee hier: Pfefferminztee!« Und
ich pflücke ihm einen Sack Blätter und schenke
sie ihm. Der Mann dankt mir und will schon gehen, da dreht er sich noch einmal um und holt
aus seiner Tasche einen kleinen Vogel. »Es ist nur
ein kleiner Vogel, er ist alles, was ich habe, aber
er soll Ihnen gehören. Wenn Ihr Tee hilft, komme ich wieder und bringe Ihnen mehr ...«

Die Sache wird unheimlich, denk ich mir, der Tee
scheint es in sich zu haben! Noch bevor ich den
nächsten Schluck meines kalten Tees trinken
kann, klopft es wieder. »Ja, kommen Sie rein, was
fehlt Ihnen?« rufe ich.

»Nichts, warum fragen Sie?« antwortet eine hel-
le Stimme. »Ich kam nur zufällig vorbei und habe diesen wunderbaren Duft gerochen. Was ist
das?«

»Oh, der Duft, das ist Pfefferminztee. Wollen Sie
eine Tasse mit mir trinken?« – »Ja, gern.« Und die
nette Dame setzt sich, und wir trinken Tee und

plaudern ein bißchen. »Sie fühlen sich wirklich
wohl?« frage ich sicherheitshalber.
»Ja, junger Mann, ich fühle mich sehr gut. Aber
jetzt muß ich wieder gehen, danke.«
Herrlich, denke ich, ein ganz normaler Besuch.
Keine Beschwerden, keine Geschenke. Da dreht
sich die nette Dame noch einmal um und holt
aus ihrer Tasche ein kleines Säckchen hervor. »Sie
waren so liebenswürdig zu mir, der Tee hat aus-
gezeichnet geschmeckt, das ist für Sie. Ein
bißchen Zauberpulver. Erweckt selbst Tote wieder zum Leben. Vielleicht werden Sie es eines Tages brauchen. Eine Kleinigkeit noch: Denken Sie
daran, daß von allem, was Sie durch das Zauberpulver gewinnen, die Hälfte mir gehört. Ist
doch fair, was?«
Ich glaub, ich spinn, denk ich, das gibt's doch
nicht! Jetzt hab ich eine Glaskugel, einen Vogel,
der mir die ganze Wohnung anmacht, und ein ...
äh, Zauberpulver.

Sonne unter, Mond auf, Mond unter, Sonne auf
– es ist nächster Tag. Ich hatte es fast erwartet: Es
klopft, der Mann mit dem schlechten Atem
kommt und fällt mir um den Hals. »Sie haben
meine Ehe gerettet«, lacht er und stinkt wirklich
nicht mehr aus dem Mund. »Dafür, mein Freund,
verrate ich Ihnen ein Geheimnis! Die Glaskugel,

die ich Ihnen gab, ist eine Zauberkugel!« Klar, denke ich mir, ha, ha!

»Einmal, nur ein einzigesmal, wird sie Ihnen ein Bild zeigen. Können Sie das, was Sie sehen, nützen, werden Sie reich belohnt werden. Aber bedenken Sie: Von allem, was sie durch die Glaskugel gewinnen, gehört die Hälfte mir!«

Klar, denke ich, ha, ha! Jetzt brauche ich aber dringend einen Pfefferminztee, weiß ich, mir schwirrt nämlich langsam der Kopf.

Aber kaum ist der eine draußen, steht schon der andere vor mir und schreit: »Alles weg!«

»Alles Geld?« frage ich. – »Nein, aber nein, alle Schmerzen! Sie sind ein Zauberer!«

Das glaube ich langsam auch.

»Weil Sie mir geholfen haben, bringe ich, wie versprochen, noch ein Geschenk. Einmal, nur ein einzigesmal, haben Sie die Möglichkeit, dem Vogel zu befehlen, Sie an jeden Ort der Welt zu bringen. Er wird wachsen, Sie auf seinen Rücken nehmen und dorthin fliegen, wohin Sie wollen! Wenn Sie den Zauber klug wählen, werden Sie reich belohnt werden. Aber bedenken Sie ...«

»Ja, ich weiß«, sage ich, »halbe-halbe. Gut. Okay.« Ich sitze da und trinke wieder mal kalten Pfefferminztee. Was soll ich jetzt tun? Ich darf einmal schauen, einmal fliegen, einmal streuen.

Wenn es nach meiner Neugierde ginge, würde

ich alles sofort versuchen. Da erinnere ich mich an
meinen heißen Pfefferminztee von gestern, der
mir das alles eingebrockt hat. Ich koche schnell
einen neuen, kann es kaum erwarten, setz mich
hin, rieche, ziehe den Duft tief ein und ...
Du mußt in dreizehn Minuten in die Kugel
schauen, hämmert es im Hirn. Dreizehn Minuten – verdammt lange Zeit, wenn man auf die
Zeiger starrt. Noch vier Sekunden, drei – zwei –
eine – jetzt!
Ich nehme die Kugel und starre hinein. Komisch,
denke ich, du glaubst also wirklich, daß da ein
Bild erscheinen wird und ... ich werd' verrückt,
da ist wirklich eines!
Schaut aus wie ein Königshof – würde ja zu der
ganzen Geschichte passen. Blende in ein Schlaf-
zimmer, wo ... na klar, eine Prinzessin liegt und
schläft. Hübsches Mädchen – denk ich. König,
Königin und Hofstaat stehen daneben und heulen. Schlußfolgerung: Der Prinzessin ist was zu-
gestoßen, und sie schläft nicht, sondern ist tot.
Tot. TOT! Tot – Vogel – Zauberpulver!
»Das gibt's doch nicht«, höre ich mich schreien,
reiße den Vogel aus seinem Schlaf und brülle
ihn an: »Dorthin fliegen wir – Königshof – dort
in der Kugel!« Der Vogel glotzt gelangweilt in die
Kugel, flattert ein bißchen, als würde er was ab-
schütteln – BUMM – ist er doppelt so groß wie

ich und zwitschert: »Komm endlich, sonst ist es zu spät!« Ich schwinge mich auf seinen Rücken, geb' ihm die Absätze – HALT, HALT, denk ich – das Zauberpulver! Wieder runter, Tüte holen, wieder rauf auf den Vogel, und ab geht die Flugpost. Als ich auf die Uhr schauen will, wie lange wir fliegen, landet der Vogel auch schon im Totenzimmer, die Herrschaften sind erstarrt, es ist jetzt wirklich totenstill. Ich werf 'ne Brise von dem Pulver über das Mädchen – wirklich hübsch, denk ich so nebenbei – ein Zucken fährt durch ihren Körper, sie steht auf und küßt mich. Das muß die Belohnung sein, wird schwer, die durch vier zu teilen – denk ich. Aber der Papa King holt auch schon ein Trühchen heran, sicher gefüllt mit Edelsteinen, und drängt mich auf den Vogel – hat wohl Angst um seine Tochter, der Idiot. Kaum noch ein Blick auf das Mädel, wildes Geflatter, zwei oder drei wirre Gedanken, steh ich schon wieder in meinem Zimmer und rieche meinen Pfefferminztee.

Ich hole mir schnell eine Tasse, tiefer Schluck, den brauche ich jetzt wirklich, und als ich mich umdrehe, ist die Kugel weg, der Vogel weg, das halbvolle Sackerl mit Zauberpulver zum Lebendigmachen von Toten weg. Dafür stehen da in Reih und Glied: Der Mann, der früher aus dem Mund stank, der Mann, der so viele – auch eingebildete – Krankheiten hatte, und die nette Dame.

»Nun«, sagen sie im Chor, »die Hälfte des Schatzes bitte.«

»Moment mal«, sagt der eine Mann, »ohne meine Kugel hätten Sie das Unglück mit der Prinzessin nicht gesehen.« – »Und ohne meinen Vogel wären Sie nicht hingekommen.« – »Mein Zaubersalz hat sie zum Leben erweckt. Sonst hätte es gar keine Belohnung gegeben!« sagt die Frau. – »Moment«, sagt wieder der Mann, »also es ist doch logisch, daß meine Kugel bei der ganzen Sache am wichtigsten war.« – »Blödsinn«, sagt der andere, »wie wäre er denn hingekommen, ohne meinen Vogel?« – »Ich muß schon bitten, meine Herren«, mischt sich die nette Dame ein, »es steht doch außer Frage, daß mein Zauberpulver ...«

Da nehme ich das Schatzkistchen, stelle es vor die Tür, schiebe die drei, die sich anbrüllen und schupsen, ebenfalls hinaus, stelle Wasser auf, hole frische Pfefferminze aus dem Garten – aufbrühen, zehn Minuten ziehen lassen –, setze mich gemütlich hin und ziehe den Duft des Tees tief in mich hinein ...

Die Pfefferminze

ist eines der beliebtesten Volksheilmittel – ja, selbst den Mäusen ist dieses Kraut bekannt: In ihren Nestern findet man immer wieder Minzenwurzeln für den Winter. Pfefferminze kannte man schon im alten Ägypten, als Heilkraut, zum Aromatisieren von Wein, aber auch zur Schönheitspflege.

Man findet sie, kultiviert, in ganz Europa, bevorzugt an feuchten Stellen. Sie liebt windgeschützte Plätze.

Pfefferminze blüht (rosarot) von Juli bis September. Am besten erntet man sie zur Mittagszeit. Verwendet werden die Blätter, frisch oder getrocknet.

Wie Pfefferminze schmeckt, brauche ich wohl nicht zu erklären – jeder hat schon mal einen Pfefferminztee getrunken oder einen Pfefferminzkaugummi gekaut ...

Das ätherische Öl Menthol (das beim Kauen ein kühles Gefühl erzeugt) bewirkt eine krampflösende, durchwärmende, desinfizierende Wirkung. Auch die alten Römerinnen kannten seine Wirkung nur zu gut: Wein galt als Göttertrunk und durfte nur von Männern genossen werden – bei Mißbrauch wartete sogar die Todesstrafe! Die klugen Damen mischten sich eine Paste aus Honig und frischen Minzen, die den Alkoholgeruch mühelos überdeckte!

Rosmarin

An einer unscheinbaren Straße, irgendwo im Heiligen Land, wuchsen an einer Stelle ein Dornbusch, ein Rosenstrauch und ein Rosmarin. Der Dornbusch war sehr stolz auf seine Kraft, immerhin hatte er schon so manchem Reiter und Wanderer heimlich ein Loch in das Kleid gerissen.

»Kennt ihr die Geschichte«, so begannen seine stundenlangen Prahlereien, »als ich dem König Herodes hier, jawohl hier an dieser Stelle, einen ellenlangen Riß in seine, feine, römische Haut verpaßte?«

»Ja, diese Geschichte kennen wir«, gähnte der Rosenstrauch, »wir haben sie schon siebentausendmal gehört.« – Dann war es wieder für ein paar Monate still an der unscheinbaren Straße, irgendwo im Heiligen Land.

»Freunde, Freunde«, schrie der Rosenstrauch eines Tages auf, »es ist soweit, ich beginne zu blühen! Hurra!«

»Jedes Jahr das gleiche Getue«, murmelte der Dornbusch, »und alles nur wegen der paar läppischen Blüten.« Und laut sagte er: »Aber auch dieses Jahr, gnädige Frau, wird Eure Schönheit niemand bewundern.«

»Dämlicher, grober Kerl«, schimpfte die Blume, »meine Verwandten erblühen an allen Königshöfen der Welt. Ich bin eben auserwählt, in diese traurige, trostlose Landschaft ein bißchen Schönheit zu bringen. Was man von dir, Dornbusch, nicht gerade behaupten kann. Von unserem Rosmarin ganz zu schweigen.« Damit war wieder mal ein Themenwechsel gelungen. »Worin besteht eigentlich deine Aufgabe?«

Und der Dornbusch ätzte: »Weder Stacheln noch Blüten, nichts außer diesem unangenehmen Geruch.«

»Ich streite mich nicht mit euch«, sagte der Ros-

marin, »ich bin Gottes Geschöpf wie ihr und
stehe hier sicher nicht umsonst. Ich habe nämlich weder Lust, Menschen zu verletzen, noch
mit oberflächlichem Gehabe zu blenden.«
»Also, hast du das gehört?!« zeterte die Rose.
»Unverschämtheit!« donnerte der Dornbusch.
»Am besten nicht beachten.«
Dann war es wieder für einige Monate still an
der unscheinbaren Straße, irgendwo im Heiligen
Land.
Es gab während dieser Zeit keine besonderen
Vorkommnisse: zwölf Soldaten, sieben Kaufleute
und ein Schafhirte mit seiner Herde waren vor-
übergezogen, ohne auch nur die geringste Notiz
von den drei Pflanzen zu nehmen. Dann, es war zu
der Zeit, als die Nächte sehr kühl wurden, bewegte sich eine kleine Gruppe auf die Sträucher zu.
»Wenn der Esel ein bißchen schneller gehen
würde«, sagte der Dornbusch, »könnte ich seiner
Herrin ein Stück ihres Tuches rauben.« – »Wird er
nicht, die alte Klappergestalt«, erwiderte die Rose,
»aber der Mann sieht so aus, als hätte er Geschmack. Er könnte – ja, ich bin mir ziemlich
sicher, daß er es tun wird, er könnte seiner Frau
eine meiner Blüten schenken.«
Der Rosmarin brachte kein Wort hervor. Was
hätte er auch sagen sollen. Aber er spürte ein un-
heimliches Knistern in der Luft – er wußte nicht,

woher es kam, und das beunruhigte ihn ein wenig.

Der Esel mit der Frau und der Mann waren nun schon ganz nahe herangekommen. »Laßt uns eine Rast machen«, sagte die Frau. »Ja, eine gute Idee«, antwortete der Mann. »Eselin, halte dort bei dem Dornbusch.«

Der Dornbusch wurde von dieser unerwarteten Wendung völlig überrascht – noch nie hatte jemand es gewagt, in seinem Schatten zu rasten. Obwohl bei dieser Gelegenheit sicher ein Kleider-, vielleicht sogar ein Hautfetzen für ihn abfallen könnte.

»Also das ist wieder einmal typisch Mann«, hörte der Busch plötzlich die Eselin keifen, »will seine hochschwangere Frau in die Nähe eines Dornbusches bringen. Siehst du nicht die Stacheln, die nur darauf warten, ihre Kraft zu zeigen?« Noch bevor der Dornbusch auf die Eselin losschimpfen konnte, sagte die Frau: »Die Eselin hat recht, Josef, sieh doch nur den Rosenstrauch. Wie schön er blüht. Laß uns dort ausruhen.«

»Seid ihr denn noch bei Trost?« schrie die Eselin. »Soll das Kind schon im Mutterleib von vergänglicher Schönheit geblendet werden? Wenn ihr glaubt, ich schleppe mich den ganzen Tag mit euch ab, um unter einem Rosenstrauch alle Viere von mir zu strecken, irrt ihr euch.«

»Von dir war auch nicht die Rede, Eselin«, sagte
Josef ruhig, »also halt an. Hier rasten wir.«
Rose und Dornbusch waren von dem Wort-
wechsel so überrascht, daß es ihnen die Sprache
verschlug.
»Ich denke nicht daran«, sagte die Eselin, »dort
vorne liegt das Goldrichtige für uns drei – ein
Rosmarinstrauch. Bescheiden, zart, duftet herrlich,
schmeckt gut, und das Ungeziefer hält er auch
fern.«
»Wenn du meinst, daß er deine Flöhe vertreibt,
gut, dann setzen wir uns eben dort nieder. Nur
tun wir es endlich!«
Die Eselin galoppierte an Dornbusch und Rosenstrauch vorbei zum Rosmarin. Maria stieg ab
und machte es sich neben dem Strauch gemütlich. »Du hattest recht, Eselin«, lobte Maria, »dieser Strauch ist wunderschön, und wie er duftet.«
Dornbusch und Rosenstrauch waren sprachlos.
Keiner konnte sein eigenes Schicksal fassen. »Na
ja, Ausländer, was soll man da erwarten«, fand
der Dornbusch. – »Ohne Geschmack und Würde, sehr gewöhnliches Volk«, pflichtete ihm die
Rose bei. Nur der Rosmarin schwieg. Das Knistern in der Luft und seine Aufregung schnürten
ihm fast den Atem ab.
»Ja, manchmal soll man auch Eseln glauben«,
lachte Josef und streckte sich der Länge nach hin.

Die Eselin verschlang inzwischen schmatzend die köstlichen, festen Rosmarinblätter, und der Rosmarin ließ es sich gern gefallen, ja, er war sogar stolz darauf. Und als Maria sagte, Josef solle doch ihren blauen Mantel über den Strauch hängen, damit er mehr Schatten gebe, wurde das Knistern, das in der Luft lag, beinahe unerträglich für den Rosmarin ...

So saßen sie fast zwei Stunden, Maria hatte die Augen geschlossen, Josef suchte sorgenvoll den Horizont nach fremden Reitern ab, und die Eselin kaute zufrieden am Rosmarin. »Laßt uns weiterziehen«, sagte Josef, »damit wir vor der Dunkelheit noch einen Unterschlupf finden.«

Maria erhob sich, wollte schon auf die Eselin steigen, kehrte aber noch einmal um und pflückte zwei Hände voll Rosmarinzweige. »Das wird unserem Kind gefallen, wenn es dich, Rosmarin, als ersten Blumenduft auf dieser Welt riechen darf!« Sie bestieg den Esel, und dann trottete die kleine Gruppe weiter – auf der unscheinbaren Straße, irgendwo im Heiligen Land.

Viele Tage herrschte Schweigen. Dornbusch, Rose und Rosmarin dachten viel, sehr viel nach. Und alle drei kamen zu dem Schluß, daß keiner ihrer Gedanken über die Frau, den Mann und die Eselin einen Sinn ergaben. Aber gerade deshalb konnten sie nicht aufhören, darüber nachzudenken, denn diese zwei Stunden waren so anders, so außergewöhnlich gewesen – und keiner von ihnen konnte sich einen Reim darauf machen.

Das Datum, das alles erklären sollte, rückte immer näher. Maria und Josef hatten, weit von der Stelle ihrer Rast an der unscheinbaren Straße irgendwo im Heiligen Land entfernt, einen Stall gefunden. Josef hatte eine Futterkrippe bereitgestellt, Maria hatte sie mit Stroh ausgelegt und dann aus ihrem Sack die Rosmarinzweiglein geholt. »Er duftet immer noch«, sagte sie und legte die Zweige dorthin, wo wenige Stunden später das Kind liegen sollte, das alles erklären würde ...

Als der Morgen des 25. Dezember anbrach, das Licht vorsichtig in den ersten Tag einer neuen Zeit lief, da war weit, weit von der Krippe entfernt, an einer unscheinbaren Straße irgendwo im Heiligen Land, noch ein Wunder geschehen: Einem nackten, bescheidenen Rosmarinstrauch waren in dieser Nacht Blüten, blau wie der Himmel, gewachsen!

Der Rosmarin

verdankt seine Volksnamen mystischem Glauben: Hochzeitsblume, Brautkleid. Tugendhafte Mädchen und Bräute bekränzten sich mit Rosmarinzweiglein. Aber schon die Griechen waren vom geheimnisvollen Rosmarin beeindruckt – sie waren überzeugt, daß die Götter dieses Kraut mehr liebten als Gold. Später, im Mittelalter, holte man sich die Spanferkelreste mit verholzten Zweiglein des Rosmarin aus den Zähnen.

Der beste Rosmarin wächst an den sonnigen Felshängen der Mittelmeerländer – aber natürlich auch in einer Topflandschaft auf deinem Fensterbrett.

Gepflanzt wird er Mitte Mai, Blüte im darauffolgenden Jahr von März bis Mai. Verwendet werden die Zweige und Blätter in getrocknetem Zustand.

So wie er riecht – streng und fremd –, so schmeckt er auch.

Den Rosmarin findet man in verschiedenster Form: als Tee, Essenz, im Wein, als Badezusatz, in Spiritus, als Gewürz und als Heilpflanze. Im allgemeinen gilt: Er aktiviert Herz und Kreislauf und hilft auch noch im Darm mit!

Man glaubt es kaum: Mondpflanzen (solche, die abends und nachts blühen wie zum Beispiel das Geißblatt, die Nachtkerze, die Kartoffel und die Tomate und der nachts blühende Kaktus, die Königin der Nacht) bekommen bei jedem zunehmenden Mond ein neues Blatt und verlieren bei jedem abnehmenden Mond eines!

Schafgarbe

ott lag bäuchlings auf einer Wolke und starrte auf die Erde. »Diese Menschen! Diese
Menschen«, schimpfte er. »Ich hatte mir alles so
schön und friedlich ausgedacht. Und was ist jetzt
– Beschwerden, nichts als Beschwerden. Anstatt
zu schöpfen, wie es sich für Gott gehören würde,
muß ich mich mit dem Kleinkram herumschlagen. Es ist ein Kreuz mit den Menschen!«

Gott setzte sich auf und rief nach Herbario, dem
Kräuterengel. »Herbario«, sagte er, »ich hab schon

wieder eine Antragsliste für neue Kräuter bekommen. Wir müssen uns wohl was einfallen
lassen.«

Herbario nickte – er war die Hektik ja gewöhnt,
er war einer der meistbeschäftigten Engel im
Himmel.

»Nun höre dir mal das an!« wetterte Gott und
schlug auf die Wolke, daß ihr ein Donner ent-
fuhr. »Bitte ein Wundermittel gegen Bauchweh
und Blähungen! Wundermittel wollen sie alle
haben – fressen wie die Verrückten, und dann
verlangen sie von uns ein Zauberkraut! Also,
Herbario, mix ihnen halt in meinem Namen ein
edles Kraut – elende Menschen, elende!«

Und Herbario notierte.

»Bitte, bitte, etwas zur Wundheilung. Schlagen
sich gegenseitig die Schädel ein, erfinden Kriege
und raufen und streiten. Und dann in die Kirche
und beten und bitten! Hast du's notiert, Herbario?«

»Ja, Gott, ich habe es notiert.«

»Husten! Da zaubern wir tausend Kräuter aus
dem Himmel gegen Husten, aber sie haben immer noch nicht genug. Aber rauchen! Dieses
Rauchen ist die Pest! Herbario, können wir nicht
ein Kräutl gegen das Rauchen erfinden?«

»Das würde nichts nützen, Gott. Sie würden
dann das Kraut rauchen.«

»Du hast leider recht, Herbario, diese verd... Menschen! Aber es hilft nichts, sich zu ärgern, machen wir weiter: etwas gegen Müdigkeit. Dafür wollen sie jetzt auch schon ein Kraut. Sollen früher ins Bett und früher aufstehen. Sollen mehr arbeiten und weniger saufen. Ach, es hilft ja nichts – Herbario, machen wir ein Kraut, damit sie uns nicht das Frühjahr verschlafen. Da schreibt einer: etwas für die Suppe! Ja, spinnen die? Für die Suppe! Ich rege mich zu sehr auf – Herbario, etwas für die Suppe.«

»Jawohl, Gott, Kraut gegen Müdigkeit, Kraut für Suppe. Wird erledigt. Noch was?«

»Ja. Das steht nicht auf der Liste. Das braust du für mich zusammen. Schau sie dir an die Menschen, Herbario, schau sie dir an. Diese verkniffenen Gesichter, richtig häßlich sind sie geworden. Kein Wunder, ärgern sich, hetzen sich ab, lügen, sündigen, das rächt sich eben irgendwann. Mach ihnen ein Kraut fürs Gesicht – es reicht, wenn mir vor ihren Seelen graust. Und beeil dich bitte, ich habe keine Lust mehr, diese unlustigen Figuren um mich zu haben.«

Herbario eilte in sein Wolkenlabor und begann mit dem Auswählen, dem Suchen und Mischen der Grundstoffe. Nach tagelanger Arbeit hatte er es geschafft: Vor ihm lagen die Samen für fünf neue, edle Kräuter. Und ein jedes erfüllte genau die Aufgabe, die ihm Gott zugedacht hatte. So, nun noch ein Strahlex an die Pflanzenelfen, damit sie ihre neuen Schützlinge in Empfang nehmen können:

Erbitte Treffen bei Vollmond unter der Eiche hinter Frau Hunkas Haus in Schwarzau zwecks Übergabe von fünf neuen Kräutern. Herbario, Kräuterengel.

Da Gott sehr viel an den neuen Pflanzen lag, hatte er Herbario gebeten, sie persönlich auf die Erde zu bringen. »Sie sind zu edel, wir sollten kein Risiko mit ihnen eingehen«, sagte er, klopfte seinem Kräuterengel auf die Flügel und wünschte ihm eine erfolgreiche Reise.

Herbario kam etwas zu früh zum vereinbarten Treffpunkt unter der Eiche hinter Frau Hunkas Haus in Schwarzau. Es war eine sternenklare Vollmondnacht, der Engel tratschte ein bißchen mit dem Mond, und sie tratschten und tratschten, und plötzlich erinnerte sich Herbario, daß er ja aus einem anderen Grund hier war. Er schaute auf die Sternenuhr und erschrak: »Was? Zehn Minuten nach eins, und wir waren um Mitternacht verabredet. Wo sind denn diese Elfen!« Er flatterte aufgeregt um die Eiche, aber keine Spur einer Elfe. Da sah er auf dem untersten Ast des Baumes eine kleine Fee sitzen. »Wer bist denn du? Dich kenn ich ja gar nicht.«

»Ich ... ich ... bin«, stotterte das winzige Ding, »ich ...«

»Nun beruhige dich erst mal«, sagte Herbario gütig und setzte sich die Fee in die Hand.
»Die großen Elfen haben mich hergeschickt.«
»Aha, du sollst wohl ausrichten, daß sie sich ein wenig verspäten werden, nicht?«
»Nun, sie sagten ... ich meine ... sie ... Ich soll sagen, sie kommen nicht.«
»Wie bitte!? Was heißt, sie kommen nicht?!« Herbario war leicht erregbar und ein bißchen jähzornig.
»Sie sagten, sie kommen nicht, weil sie schon genug Arbeit haben und weil es ihrer Meinung nach schon genug Kräuter gibt, und sie sagten, sie hätten es satt, für die Menschen Kräuter zu pflegen und die Menschen würden diese Geschenke gar nicht annehmen.«
Herbario bekam einen knallroten Kopf und schrie los: »Das ist Befehlsverweigerung! Das ist eine ungeheuerliche Schweinerei! Wenn das Gott erfährt, dann gibt es nicht nur Blitz und Donner, sondern eine Umweltkatastrophe. Sie weigern sich also. Höre Fee: Ich übergebe dir jetzt dieses Kistchen mit den Samen für fünf neue Kräuter. Das bringst du unverzüglich deinen Kolleginnen. Und die werden sich sofort – hörst du? – sofort darum kümmern, klar!«
»Aber ich darf doch gar nicht ...« – »Ich, Herbario, oberster Kräuterengel, befehle es dir. Du fliegst los

und bringst ihnen die Samen. Ich werde inzwischen versuchen, die Sache vor Gott irgendwie zu vertuschen.«

Herbario legte das Kistchen in die Hände der kleinen Fee und startete wie eine Rakete in Richtung Himmel.

Das kleine Wesen stand ganz zittrig mit der Kiste in den Armen da und wußte nicht, wie ihm geschah. Vorsichtig hob es ab und steuerte auf den Wald zu, wo die Elfen alle bei irgendeinem Fest eingeladen waren. Hätte Herbario auch das noch erfahren, wäre es überhaupt aus gewesen.

Die Fee flog über das Schulhaus, kreuzte dann den Bach und flog bis zur Mühle. Dort bog sie scharf nach rechts und flog in etwa fünf Meter Höhe über die große Scherrwiese.

Plötzlich kam von links ein total betrunkener Specht angerast und rammte die Fee, daß sie sich mehrmals überschlug und samt dem wertvollen Kistchen zu Boden fiel. Der Flugrowdy hielt nicht einmal an, um Erste Hilfe zu leisten, sondern flog im Zickzack und mit wildem Gesinge davon.

Zum Glück war die Fee im hohen Gras gelandet und unverletzt geblieben. Sie rappelte sich hoch, suchte das Kistchen, fand es und erstarrte vor Schreck: Der Deckel war aufgesprungen und die Kiste war ... leer!

Himmel, die Samen! Das ist das Ende! dachte die

Fee und wühlte sich durch das Gras, um die Samen zu finden. Aber natürlich vergebens: Himmlische Erstsamen springen sofort auf, sobald sie die Erde berühren. »Nur noch ein Wunder kann mich retten«, seufzte die Fee und legte sich an der Unfallstelle ins Gras, um sich gleich beim ersten Tageslicht auf die Suche machen zu können.

Als Herbario im Himmel erschien, lag, zu seinem Schreck, Gott bäuchlings auf einer Wolke und schaute zur Erde hinunter. »Hallo, Herbario, alles in Ordnung?« -»Ja, Gott. Ich soll Grüße vom Mond bestellen. Herrliche Nacht, heute nacht, nicht?« – »Ja, Herbario, herrlich zum Träumen. Die kleine Fee gefällt mir.« – »WIE? Welche kleine Fee?«

»Schau, wie sie süß im Gras liegt und sich Gewissensbisse macht.«

Herbario bekam einen Schweißausbruch, beugte sich ebenfalls über die Wolke und sah unten auf der Erde die Fee und neben ihr das Kistchen und ... – »Mein Gott, die Samen, wo sind die Samen?« – »Beruhige dich, Herbario, während du rot vor Wut und Aufregung warst, habe ich die Sache in die Hand genommen. Es ist schon alles so, wie es sein soll. Komm morgen früh vorbei, dann zeige ich es dir!«

Am nächsten Morgen schauten Gott und Herbario auf die Wiese.

»Diese Blume ist dir wirklich hübsch gelungen«, lobte Gott seinen Kräuterengel.

»Diese Blume? Es waren doch fünf. Fünf edle Kräuter, wo sind sie?«

»Reg dich nicht gleich so auf – es ist schon alles so, wie es sein muß. Als die Fee stürzte, flogen die Samen aus der Kiste und so unglücklich, daß sie alle zusammen an einem Punkt aufschlugen – jetzt haben wir ein Kraut, aber das hat es in sich! Gut, was?«

»Gehe ich recht in der Annahme«, sagte Herbario streng, »daß dieses ›unglücklich‹ nicht ganz von allein zustande kam ...«

Gott lächelte und wandte sich wieder seiner Erde zu. »Herbario«, sagte er, »nimm dir einen freien Tag, den hast du verdient. Mit diesem Kraut dort unten, dem Gotteskraut, werden wir uns viel Arbeit ersparen!«

Die Schafgarbe

Obwohl Achilles von einem Zentauren auf die wund-heilende Wirkung der Schafgarbe hingewiesen wurde, half ihm das nichts – wie ihr ja wißt! Die Wundheilung war auch den Römern bekannt – sie nannten die Schaf-garbe »Soldatenkraut«, weil es die bösen Wunden der Herumschlachterei schließen sollte. Davon zeugen auch ihre anderen Namen: Blutstillkraut, Gotteshand, Heil der Welt.

Die Schafgarbe wartet überall darauf, uns ihre Kräfte zu schenken: auf Wiesen, an Feld- und Waldrändern, be-vorzugt an sonnigen Plätzchen.

Sie blüht von Juni bis Oktober. Geerntet werden die Blüten und Blätter von Juni bis August.

Sie hat einen angenehmen Geruch und schmeckt neu-tral.

Was den Schafen guttut, wird auch uns helfen – und zwar in vielfältigster Weise: Schafgarbe regt den Stoff-wechsel an, ist krampf- und schmerzstillend, entspannt als Badezusatz und reinigt die Haut. Sie verhindert Schädlingsbefall bei ihren Nachbarpflanzen und scheint auch deren Duft und Geschmack zu verstärken.

Kaum zu glauben: Jeder zunehmende Mond fügt dem Wurzelgemüse, wie Karotte, Rote Beete, einen Ring hin-zu (wie die Jahresringe von Bäumen) – so kannst du ge-nau nachrechnen, wie alt deine Karotten sind.

Tausendguldenkraut

Der Aitz, so sagen die Leute im Schwarzautal, ist ein Teufelskerl. Er war eines Tages aufgetaucht, hatte sich eine Hütte im Wald gebaut und tat so, als wäre er immer dagewesen.
Er war ein starker Bursche, aber arbeiten hatte ihn nie jemand gesehen. Dafür war er ein Weiberheld, zwickte allen, die Röcke trugen, ungestraft in den Popo und klopfte derbe Sprüche. Und wenn es ums Saufen und Spielen ging, konnte man sichergehen – der Aitz war nicht weit!

Gerade herausgesagt, frei weg von der Leber, unter uns: Der Aitz war ein widerlicher Hund!

Die Schwarzautaler aber ließen ihn gewähren, und so wurde er immer unverschämter. Da er ja im Wald wohnte und man ihn immer im Gebüsch und im Unterholz herumkriechen sah, meinten die Leute, er müsse eigentlich über Kräuter, Blätter und Wurzeln Bescheid wissen. So begann also die Geschichte, die ich euch erzählen will, damit, daß einer aus dem Dorf, der Bauchweh hatte, aber nicht zum Arzt gehen wollte, den Aitz fragte, ob er ihm nicht helfen könnte. »Aber natürlich«, rief der gleich, »saufst wohl zuviel, was?« – »Das stimmt«, antwortete der Kranke. – »Sei beruhigt, ich habe was für dich!« Der Aitz verschwand hinter einem Baum und pflückte dort irgendwas Grünes, das ihm gerade in die Hände kam. »Höre, mein Freund! Dies ist das Einguldenkraut, ein wahres Zaubermittel gegen Teufelswerk im Bauch und im Gedärm. Es wirkt hundertprozentig, nur ist die Anwendung nicht ganz einfach.«

»Egal, egal«, stöhnte der Mann, »wenn es nur hilft!«

»Also: In der zweiten Nacht nach Vollmond brühst du dir damit einen Tee auf – das ist der einfache Teil. Den Tee trinkst du, und dann mußt du splitterfasernackt, so wie Gott dich schuf, um

die große Fichte dort rennen, wo ich das Kraut
gepflückt habe!« – »Ganz nackt?« – »Jawohl, ganz
nackt. Nur so kann dir das Kräutl alles Schlechte
und Schleimige aus deinem Körper holen, verstehst du!«
Der Mann nahm zögernd das Kraut, er war ver-
unsichert, aber sein Bauch schmerzte, und der
Aitz sah plötzlich so vertrauensvoll aus, und er
war ja ein Teufelskerl. »Gut, was bin ich schul-
dig?« – »Aber, aber«, lachte der Aitz, »das tue ich
doch gern. Gratis. Umsonst. Bitte weiterempfeh-
len.«

»Hierher, meine Herrschaften, hierher«, flüsterte
der Aitz und wies die Schwarzautaler auf ihre
Plätze rund um die große Fichte.
»Noch etwas Geduld, meine Damen und Herren,
knapp nach Mitternacht geht's los. Darf ich
inzwischen schon den Eintritt kassieren: einen
Gulden pro Nase, bittschön.«
Die neugierigen Leute, denen der Aitz ein hübsches Schauspiel versprochen hatte, zahlten
etwas unwillig aber ... der Aitz war doch ein Teufelskerl!
Vom Dorf her schlug die Kirchuhr zwölf, und
wirklich, bald darauf tauchte der Huberbauer auf,
nackt, wie einer nur sein kann, und wuchtete
seinen Bierbauch um die Fichte. Drei Runden

lang schafften es die Zuschauer, nicht zu lachen, dann begann einer zu glucksen – der Huberbauer dachte, es sei der Teufel, der nun aus den Gedärmen fahre. Gleich darauf aber brach ein Lachsturm los, und der Huberbauer sah das halbe Dorf, Frauen und Männer, hinter den Büschen auftauchen. Und der Aitz saß in seiner Hütte und zählte Geld. Er war doch wirklich ein Teufelskerl!

Nun sollte man meinen, daß dem Aitz zwar der Jubel der Zuschauer, jedoch auch der Haß des Huberbauern sicher war. Irrtum! Schon am nächsten Tag kam der Huberbauer in den Wald gelaufen, der Aitz bewaffnete sich sicherheitshalber mit einem Prügel, aber seltsamerweise strahlte der Mann übers ganze Gesicht: »Du bist zwar der gemeinste Hund von da bis Seibuttendorf«, sagte er, »aber du verstehst dein Handwerk. Ich fühle mich wie neugeboren, kein Bauchweh mehr, alle Schmerzen sind weg!«
Auch recht, dachte sich der Aitz und legte den Prügel zur Seite, muß ich mir merken, wenn's mich mal erwischt: nackt herumrennen, aber nicht um die Fichte, sondern ums Haus von der Vroni! Und ein Lachen wie Donner tönte durch den Wald, daß die Vogelkinder aus ihren Nestern fielen!

Die Geschichte mit der Heilung des Huberbauern
sprach sich natürlich herum, und es verging
nicht viel Zeit, da kam schon der nächste Patient:
Die Duxer Anna wagte sich in die Höhle des
Löwen, obwohl sie wußte, wie gern der Aitz die
Frauen zwickte. Aber der Aitz hatte nichts der-
gleichen im Sinn: erstens, weil er nur noch an
die Heilwirkung des Geldes dachte, und zweitens
wegen der Krankheit, die die Anna in den Wald
getrieben hatte. Sie war übersät mit Flechten
und Pusteln, ihr Gesicht war ein einziger Pickel.
»Bitte, lieber Aitz, hilf mir«, jammerte sie. »Schau
wie ich ausschau', und es juckt so!«

»Hm, laß mich mal sehen«, sagte der Aitz und tat
so, als würde er sich die kranken Stellen genau
ansehen. »Ja, ich glaube, ich kann dir helfen.«
Wieder verschwand er hinter einem Baum, und
wieder pflückte er gerade das Grünzeug, das ihm
in die Hände kam.

»Liebste Anna. Dieses Dreiguldenkraut ist eine
äußerst seltene Pflanze. Aber wie du siehst, hat
der liebe Gott – oder der Teufel – mir Hände ge-
schenkt, die solche Kräutlein finden. Am nächsten Sonntag, wenn die Kirchenglocken zum
Gottesdienst läuten, mußt du das Kraut ins
kochende Wasser werfen und es zehn Minuten
ziehen lassen. Den Tee trinkst du, und die Blätter
legst du auf die kranken Stellen deiner Haut. Das

ist der einfache Teil. Nun mußt du dich in deine dicksten Winterkleider hüllen, nur das Gesicht darf herausschauen, auf einen Stier steigen und im Galopp durchs Dorf reiten. Binde dich fest, denn je länger du oben bleibst, desto besser. Durch das Gehüpfe des Stiers werden die Flechten, Pusteln und Krätzen einfach abfallen – oder auch nicht. Dann lag's am Stier. Viel Glück.«

»Im Wintergewand?« fragte die Duxer Anna ungläubig. »Im Juli? Auf einem Stier? Während der Kirche? Das überleb ich nicht!«

Der Aitz holte schnell eine Spiegelscherbe aus seiner Hütte und hielt sie der Anna vors Gesicht.

»Ja, ich tu's«, schrie sie auf und rannte davon.

Drei Tage später. Sonntag. In der Kirche stimmte der Pfarrer gerade das Halleluja an, als von draußen wilder Lärm zu hören war. Ein paar Buben schlichen sich hinaus und kamen schreiend zurück: »Ein Geist! Der Leibhaftige! Ein Engel!« brüllten sie durcheinander, und mitten im schönsten Singen drängte die Gemeinde hinaus, um nur ja nichts zu versäumen: Am staunenden Volk vorbei raste und hüpfte ein Stier, eine schwarzvermummte, schwankende Gestalt auf dem Rücken. Einige bekreuzigten sich, andere lachten und liefen dem Pärchen johlend nach. In Schwarzau ging's plötzlich zu wie in einer spanischen Stierkampfarena! Der Stier wurde durch die kreischende Menge immer wilder, und das Gesicht des Reiters war nicht zu erkennen – so glühte es vor Hitze und Angst. Plötzlich erschien der Aitz, der sich am Sonntag sonst niemals in der Nähe der Kirche blicken ließ. Er wartete, bis der Stier um die Ecke bog und die Dorfstraße hinaufgaloppiert kam, warf sich ihm entgegen, packte ihn bei den Hörnern, und irgendwie schaffte es dieser Teufelskerl, das Vieh zum Stehen zu bringen. Er band die Gestalt los und hob sie vom Stierrücken.

»Herrschaften! Ein weiteres Wunder der Aitzschen Medizinischen Vergnügungsgesellschaft! Darf ich um drei Gulden bitten, dann wird das Geheimnis des fremden Reiters gelüftet.«

Der Pfarrer sah mit Entsetzen, wie sich statt des Klingelbeutels das Säckl des Aitz füllte.

Mit großen Gesten half er der Gestalt beim Entkleiden, und da ging ein Raunen durch die Menge: »Die Duxer Anna!« Noch viel unglaublicher aber war, daß keine Pustel, kein Pickel, keine Krätze mehr zu erblicken war.

Der Aitz wurde auf den Schultern in den Wald zu seiner Hütte getragen, und das ganze Dorf feierte ein ausgelassenes Fest. Es wurde gesoffen, gespielt, Popo gezwickt und das an einem Sonntag.

Hinter der Hütte des Aitz, bei der Fichte, tat sich auch einiges. »Ich kann doch nichts dafür«, jammerte das Kraut, »daß dieser Kerl mich zufällig zweimal in die Hände bekam.«

»Du hättest dich wegdrehen oder unauffällig dreinschauen können«, schimpfte die Pflanzenelfe. »So ein Widerling brüstet sich mit unseren Kräften. Das werde ich ihm heimzahlen!«

Als der Aitz am Montag gegen Mittag erwachte, fühlte er sich nicht besonders gut. »Zuviel getrunken, zuviel gegessen, zuviel gezwickt«, lachte er. Noch. Denn das Unwohlsein wurde immer schlimmer. Am Abend lag er auf seinem Bett und stöhnte. Die ganze Nacht wälzte er sich hin und her. Am Dienstag morgen schrie er um Hilfe vor Schmerzen, aber keiner hörte ihn. Da trat mit einemmal eine Gestalt durch die Tür. »OH, AU, AUWEH – dich schickt der Himmel – oder die Hölle – egal. Lauf schnell, und hol einen Arzt.« – »Ich habe gehört«, sagte die Gestalt, »du bist der beste Arzt in der Gegend, darum komme ich zu dir.«

»Ja, ja, sonst schon. Nur heute nicht. So lauf doch!« – »Ich bin ja da. Ich bin auch eine Art Doktor.« – »Gut, dann hilf mir, ich halte es nicht mehr aus!« – »Für solch schwierige Fälle habe ich ein wahres Zaubermittel. Es hilft gegen Teufelswerk im Bauch und im Gedärm und ist auch gut

zu verwenden bei schlechter Haut. Kommt dir das bekannt vor?«
»Was soll das Gequatsche, ich verstehe kein Wort. Gib endlich dein Zauberkraut her!« – »Bitte, hier ist es, das Tausendguldenkraut.« – »Gib's mir schon, gib her! Koste es, was es wolle!« – »Aber Aitz, du weißt doch, was es kostet. So viel, wie sein Name sagt: tausend Gulden!« Der Aitz fuhr von seinem Bett hoch. »Was?! Tausend Gulden, für so ein lächerliches Kraut! Niemals! AUUUU!« Dann sank er halb ohnmächtig nieder. Die geheimnisvolle Gestalt drehte sich um und ging zur Tür. Da schrie der Aitz: »Hast du denn kein Fünfhundertguldenkraut?« – »Nein.« – »Siebenhundertfünfzig!« – »Nein!« – »Gut, verdammt seist du, gib her!« – »Zuerst die tausend Gulden.« Der Aitz zeigte mit Tränen in den Augen auf einen Sack mit den Geldstücken. – »Die Zubereitung eines Tees ist im Preis inbegriffen«, lachte die Gestalt und holte Holz für ein Feuer ...
Am nächsten Morgen war der Aitz wieder gesund und um tausend Gulden ärmer. Und die Leute wunderten sich über ihn, denn von diesem Tag an war der Aitz wie ausgewechselt: brav, hilfsbereit, arbeitsam und ... wenn einer Bauchweh hatte, brachte ihm der Aitz eine Pflanze, die er Tausendguldenkraut nannte!

Das Tausendguldenkraut

hat seinen Namen wohl deshalb bekommen, weil man seinen Wert so hoch einschätzte. Es wird auch Fieberkraut oder Magenkraut genannt und gehört zur Familie der Enziangewächse.

Das Tausendguldenkraut macht sich sehr rar und wächst an versteckten Plätzen. Für die, die jetzt angespornt sind: Es liebt feuchte Waldplätze und feuchte Wiesen.

Gesammelt und verwendet wird das schön blühende Kraut (Blüte von Juli bis September). Man sollte es am Nachmittag schneiden, da ist es am trockensten. Die Blüten und die Stengel sind am wirkstoffreichsten.

Durch seine heilenden Bitterstoffe schmeckt es natürlich entsprechend.

Tausendguldenkraut wirkt stimulierend auf die Verdauung und soll bei nervlicher Erschöpfung helfen – muß ich mir merken!

Achtung: Schlechte Nachrichten für Friseure: Läßt du dein Haar am Beginn des abnehmenden Mondes (also knapp nach Vollmond) schneiden, wächst dein Haar langsamer, und du brauchst erst eine Woche später (oder mehr) zum Friseur gehen!

Wermut

Zwei Brüder machten sich auf eine Pilgerreise. Der eine hatte Glück im Spiel gehabt und wollte nun dem Herrgott mit Blasen auf den Füßen und auch mit ein paar Gebeten dafür danken. Er nahm nichts mit als einen Beutel voll Geld, denn, so dachte er, was mir Glück gebracht hat, wird mich auch beschützen.

Der andere war von schwerer Krankheit genesen. In den schlimmsten Stunden, wo es um Leben oder Tod ging, hatte er geschworen, sollte er jemals wieder auf die Beine kommen, dann sollten ihn diese zum Wallfahrtsort tragen. Dieser Bruder nahm nichts mit als das Kraut, das ihn gerettet hatte: den Wermut. Geduldig hatte er bis Ende August und dann auf sieben aufeinanderfolgende, trockene Tage gewartet, um das Kraut in einer Vollmondnacht zu schneiden. Nachdem es bis Neumond an einem schattigen Platz zum Trocknen gelegen war, folgte dann die Zubereitung des Absinth, des köstlichen Wermutlikörs, der dem Magen so gut hilft – vorausgesetzt man weiß mit den Geschenken Gottes umzugehen und weiß, alles mit Maß und Ziel zu genießen. Die Pilgerausrüstung dieses Bruders war also ein Säckchen getrockneter Wermut und eine Flasche Likör, denn, so dachte er, was mich gesund gemacht hat, wird mich auch gesund zurückkehren lassen.

Die Brüder wußten, daß die schwierigste Prüfung ihrer Pilgerreise nicht das Pilgern selbst sein würde, sondern der Wald von Roque-le-Foux, den man durchqueren mußte, um zur Wallfahrtsstätte zu gelangen. In diesem Wald hauste nämlich ein berüchtigter Räuberhauptmann mit seiner Bande. Dieser Mensch mußte nicht nur ein Scheusal, sondern auch ein völlig gottloser Geselle sein. Mit Vorliebe überfiel er fromme Pilger, die aufgebrochen waren, den Herrn zu preisen,

raubte sie aus und, auch das kam vor, ermorde-
te sie.

Die beiden Brüder jedoch waren furchtlos und
betraten gegen Mittag den finsteren Wald. Sie
marschierten, rasteten, schliefen, marschierten –
nichts tat sich. Das Rascheln im Unterholz hätten Schritte der Mordbuben sein können, aber
es waren nur aufgeschreckte Tiere. Das HUHU,
das von allen Seiten wie ein Schlachtruf beim
Umzingeln dröhnte, waren Eulen und ruhelose
Nachttiere.

Die Stille war der Atem des Waldes und keines-
wegs das Herzklopfen der Räuber vor dem Angriff.

»Herrlich, dieser Wald«, sagte der eine.

»Ja, und diese Ruhe«, meinte der ...

HAAARRR – explodierte plötzlich die Ruhe, der
Friede, der Atem des Waldes – zwanzig, vielleicht
dreißig finstere Typen sprangen hinter Bäumen
und Gebüschen hervor, mit gezogenen Messern
und wilden Grimassen. Sie packten die Brüder,
die noch nicht einmal zum Hilfeschreien gekommen waren, und zerrten sie davon. Durch
den dunklen Wald, in dem es mit einemmal keine Rehe, keine Vögel, keine Düfte mehr zu geben schien.

Nicht weit ab vom Weg lag das Hauptquartier
der Bande. Die beiden Brüder wurden in eine
Hütte gestoßen und fielen genau vor ein Bett. Es

war ein mächtiges, wunderschönes Bett, wie aus einem Schloß. Darin lag ein Mann, nein, es war eher ein Männlein.

»Hauptmann, wir bringen wieder zwei Pilger.« – »Gut, gut«, säuselte ein Stimmchen, »Rübe ab – schnell!«

»Aber bitte, Herr Hauptmann«, rief der eine Bruder, der mit dem Geld. »Wieso, weshalb Rübe ab? Ich habe Geld bei mir. Opfere ich es eben nicht der Kirche, sondern Ihnen. Hier.« Er warf den Geldbeutel in Richtung Bett. Das schwere Ding landete auf dem Bauch des Räubers.

»AIIIH!« brüllte der Räuber auf und zuckte hoch, als hätte ihm jemand eine glühende Zange in den Bauch gepreßt. »Oh, Verzeihung, tut mir leid«, sagte der Bruder noch, dann bekam er von hinten einen Schlag und sackte in sich zusammen. »Rübe ab – schnell!« zischte der Hauptmann noch einmal. »Ich brauche das Blut, das Blut!«

»Verzeihung. Bevor Ihr mir den Kopf abschlagen laßt«, sagte der andere Bruder, »ich bin bekannt für meine Fähigkeiten, Krankheiten zu erkennen und zu heilen.« – »Bist du ein Arzt? Dann hau ich dir persönlich den Schädel herunter!« – »Nein, ich bin ein Kräutermann.« – »Eine Hexe auf Pilgerreise – das gefällt mir. Dieses Blutrezept hat mir auch so 'ne Hexe verraten: ein Liter Men-

schenblut, direkt aus dem Kopf, zwei Handvoll
Ameisen und ein frischer Kuhfladen, gut vermi-
schen, zwei Stunden kochen und heiß getr...«
Der Räuberhauptmann hechtete aus dem Bett,
würgte und übergab sich. »Teufel, allein der Gedanke daran macht mich noch kränker, aber es
ist meine letzte Chance – hat die Hexe gesagt.«
»Wo tut es denn weh, Herr?« fragte der Kräutermann mit gütigem Lächeln. »Wo wohl? Im
Bauch, toter Pilger! Und jetzt stecht sie endlich
ab, damit ich zu meiner Arznei komme!« – »Vielleicht wollt Ihr vorher etwas anderes kosten. Ein
ganz besonderes Blut, ich habe es bei mir, hier in
der Flasche!« Der Hauptmann wandte sich seinem Gefangenen zu und drückte mit größter
Mühe und größtem Erstaunen ein Auge auf:
»Was redest du da? Du hast Blut in der Flasche?«
– »Mein Blut, vermischt mit einem Zaubermittel,
wie ihr es noch nie erlebt habt!« Inzwischen war
der ohnmächtig Geschlagene erwacht und starrte auf seinen Bruder, der dem Räuber gerade die
Flasche mit dem grünen Absinth reichte.
»Potz Putz! Das soll Blut sein? Das ist ja grün!«
»Ich muß euch die Wahrheit sagen: Die Hexe
wollte Euch langsam umbringen mit ihrem Rezept. Dieses Blut aber hat sich durch die Zugabe
eines Zauberkrautes in einen köstlichen Saft verwandelt. Riecht oder besser kostet. Dann könnt

Ihr immer noch entscheiden, ob Ihr mein Blut oder das meines Bruders mit Ameisen und Kuhfladen als Medizin nehmt.«

Der Hauptmann öffnete zögernd die Flasche, roch, zog eine Augenbraue verzückt hoch, fuhr mit seiner Zunge in die enge Flaschenöffnung, um zu kosten, und begann zu grinsen.

»He, Pilger, du hast recht. Wenn das Zeug so hilft, wie es schmeckt, habt ihr euch das Leben und die Freiheit zurückgeblutet!«

Der Bruder nutzte diese Gelegenheit, um sich an seinen Geldbeutel heranzupirschen, den der Hauptmann nach der Bauchlandung von sich geschleudert hatte.

»Höre, Hauptmann«, sagte der Kräuterbruder. »Ich habe hier noch ein Zauberkraut, daraus werde ich Euch einen Tee kochen.«

»Du Hundesohn beginnst mir zu gefallen«, brummte das Männlein im prächtigen Bett. »Dein Teufelszeug brennt zwar wie die Hölle und schmeckt bitter wie Galle, aber es schmeckt mir, und warm wird es mir auch schon!«

»Ich hätte noch was anzubieten: Aus diesen Blättern hier werde ich Euch einen Kranz flechten, den Ihr sieben Tage um den Kopf tragen müßt. Dann, um Mitternacht, müßt ihr ihn ins Feuer werfen, dann ist die schlechte Kraft von Euch genommen.«

»Hoho, und ich hätte euch fast die Birnen gepflückt, bevor du mir solche Geheimnisse verraten konntest!« Und er nahm einen kräftigen
Schluck von dem grünen Blut.

»Halt, halt, nicht so gierig«, rief der Bruder, der die
Wirkung des Absinth gut kannte: mäßig getrunken ist er ein ausgezeichnetes Heilmittel, aber getrunken wie Wein führt er zur Abstumpfung bis
zu Wahnvorstellungen und sogar zu totaler Ver-
blödung.

»Lieber Hauptmann, ich empfehle Euch höch-
stens ein bis zwei Schlückchen täglich, solange
wir hier sind – damit ich eingreifen kann, sollte
etwas schiefgehen. Sobald Ihr Euch gut fühlt, Ihr
Euer Wort gehalten und uns die Freiheit ge-
schenkt habt, könnt Ihr soviel davon trinken,
wie Ihr wollt. Außerdem verspreche ich Euch,
solange wir noch hier sind, ein paar Flaschen in
Reserve für Euch zuzubereiten, mit – ah – meinem Blut, damit auch Eure Leute etwas zum Na-
schen haben.«

»Wäre ich nicht ein gottverdammter Räuber und
Mörder, ich würde mich glatt für deine Güte be-
danken. Also, abgemacht – ihr bleibt, bis ich
mich wieder besser fühle, du kochst inzwischen
noch ein paar Fläschchen, und dann laß ich
euch laufen!«

Der andere Bruder hatte inzwischen seinen Geld-

beutel wieder und versuchte, möglichst unauffällig zu wirken.

Fünf Tage Wermutkur zeigten ihre Wirkung: Der
Räuberhauptmann brüllte und rülpste und furz-
te, als wäre er niemals krank gewesen! Am siebten Tag, knapp vor Mitternacht, warf er den
Krautkranz ins Feuer und fühlte sich mit einem
Schlag vollends gesund! »Pilger, ihr seid frei! Ver-
schwindet, bevor ich es mir anders überlege!«
Die beiden Brüder machten sich auf den Weg
zum Wallfahrtsort und erreichten ihn wohlbe-
halten. Auch der Rückweg verlief ohne Zwischen-
fälle, die Räuberbande ließ sich nicht blicken.
Einige Monate später hörten die Brüder eine
merkwürdige Geschichte: Im Wallfahrtsort war
eines Tages eine seltsame Pilgergruppe aufgetaucht. Wilde, bärtige Gesellen, die eher wie Räuber als wie Pilger aussahen. Sie trugen eine riesige Truhe mit sich, öffneten sie und leerten den
gesamten Inhalt – Gold, Juwelen, Perlen – vor
die Füße des herbeigeeilten Pfarrers. Sie murmel-
ten unverständliche Worte, lachten irr und starr-
ten mit stumpfem Blick in die Runde. Dann ver-
ließen sie, so schnell und spurlos sie gekommen
waren, wieder den heiligen Ort.
Der Absinth hatte seine Wirkung getan.

Der Wermut

Wie sagt es H. Bock: »Ist einer grün wie ein Frosch, mager wie eine Pappel, nimmt täglich ab an Gewicht und Humor, wirft keinen Schatten mehr, dann probiere er es mit Wermut!« – Wieder mal ein »Magenkraut« oder »Wurmkraut« und in Frankreich berühmt-berüchtigt als Likör: der Absinth!

Sein Verbreitungsgebiet ist Mitteleuropa. Er mag felsige Standorte, Flußufer und Weinberge.

Der Wermut blüht von Juni bis September. Gesammelt wird das blühende Kraut (Ende August). Am besten bei trockenem Wetter, da ist der Gehalt an ätherischen Ölen am höchsten. Achtung: Wermut ist leicht zu verwechseln mit dem Beifuß.

Er riecht stark und streng, und sein Geschmack ist – wie bei den meisten Magenkräutln – bitter.

Bei Völlegefühl, Appetitlosigkeit und Sodbrennen. Der Absinth, der Wermutlikör, ist ein gefährliches Tränklein: bei übermäßigem Genuß kann es bis zum Schwachsinn kommen! Aber so ist es ja nicht nur beim Absinth: Alles sollte mit Maßen genossen werden.

Höre: Es kann ja sein, daß der Baum oder Strauch oder das Kraut nicht am rechten Platz steht. Wenn du also mit der Schaufel ausrückst, um zu versetzen, was zu versetzen ist, dann tu es um Mondes willen nur bei abnehmendem Mond. Denn die dünner werdende Sichel treibt das Wasser in die Wurzeln!

Folke Tegetthoff
Liebesmärchen

Zauberhafte Erzählungen

Von den Freuden und Nöten der Liebe
erzählt Folke Tegetthoff in seiner Mär-
chensammlung. Er zeigt den immer
neuen Zauber der Liebe, der die Welt
verwandelt und uns für wunderbare
Augenblicke schwerelos macht.

»Jeder Satz wird zum Erlebnis. Kein
Wort ist zufällig. Wenn alle Märchenerzähler solche Märchen schrieben: Ich
wäre der größte Märchenfan der Welt.«
Münchner Buch Magazin

112 S., ISBN 3-485-00778-1
nymphenburger

Lesetipp

BUCHVERLAGE
LANGEN MÜLLER HERBIG
WWW.HERBIG.NET

Dimiter Inkiow
Aesops Fabeln

*Vergnügliche Fabeln und Weisheiten
vom Erfolgsautor Dimiter Inkiow*

Ob Aesop tatsächlich jemals gelebt hat, ist
unklar. Eines steht jedoch fest: Seine Fabeln sind in aller Welt bekannt. In ihnen
halten Tiere auf witzige Art der menschli-
chen Gesellschaft einen Spiegel vor. Dem
Kinderbuchautor und Kenner klassischer
Sagen und Mythen, Dimiter Inkiow, ge-
lingt es auf einmalige Weise, Aesops Fabeln leicht verständlich und pointiert
nachzuerzählen.

ca. 112 Seiten, ISBN 3-485-01033-2
nympenburger

Lesetipp

**BUCHVERLAGE
LANGEN MÜLLER HERBIG**
WWW.HERBIG.NET